당신의
1인 기업을 깨우는
멘토링 5단계

당신의 1인 기업을 깨우는 멘토링 5단계

1인 기업가들을 지속 가능한 브랜드로 성장하게 하는 나침반

김형환 지음

굿인포메이션

차례

프롤로그 09
추천의 글 12

1-STEP 잠든 나를 깨워라

01 나를 알아가는 과정이 1인 기업입니다 34
02 나의 체급과 조건이 나의 챔피언 자본이다 37
03 내 가슴을 뛰게 하는 나만의 핵심 질문 40
04 가진 것도 잘하는 것도 없어요 43
05 현실이 원래 제 꿈과 완전 달라요 47
06 자존감과 자신감이 부족해요 51
07 열정이 떨어지고 자꾸 미루게 되네요 55
08 행복하게 일하고 싶어요 59
09 목표를 이루는 3가지 실행 전략 63
10 마음이 계속 흔들립니다. 어떻게 잡을까요 67
11 인생을 깨우는 날두독서 습관 - 인생MBA 워크샵 71
12 성공적인 비즈니스 습관 만들기 75

2-STEP 커리어 전환의 순간

01	새로운 시작을 위한 비전과 경영	82
02	케이스로 데이터를 만들라	86
03	일 잘하는 1인 기업의 핵심 노하우	88
04	지속 가능한 롱런 커리어 전략	91
05	마르지 않는 샘물을 만드는 법	95
06	퇴직 후 준비는 퇴근 후부터	98
07	현실감이 떨어지는 직원들을 어쩌죠	102
08	상사와의 갈등으로 힘들어요	106
09	회사에서 인정받고 싶어요	110
10	진짜 창업하고 싶은데 마땅한 아이템이 없어요	114
11	직장에서 하던 일을 뺏겼어요	118
12	직장생활 10년, 남는 게 없네요	122
13	차별화된 콘텐츠로 수익 시스템을 만들라	126
14	나의 강점을 온라인으로 브랜딩하라	131
15	나만의 콘텐츠 없이 SNS부터 시작하면 안 되는 이유	135

3-STEP 인간관계 소통의 기술

01 상대를 효과적으로 설득하는 방법   142
02 리더를 맡았어요! 무엇부터 할까요?   146
03 상대의 마음을 얻는 법   149
04 상대의 자존감을 높이는 법   153
05 직원들과 소통이 안 돼요   157
06 상대가 경청 안 할 때 대처법   161
07 두 가지 일에서 결정이 어려워요   164

4-STEP 영업·마케팅의 핵심 원리

01	원가보다 높은 가치가 이윤을 만든다	170
02	성공 = 부자 + 행복	172
03	영업을 목적으로 만나면 불편해요	175
04	고객은 무엇에 감동하는가?	179
05	고객의 마음을 여는 방법	183
06	새롭게 시작하는 일이 두려워요	187
07	만날 고객이 없어요	191
08	모객이 안 돼요	196
09	무료만 원하는 고객을 어떻게 유료 전환할까요?	200
10	나만의 고객을 만드는 법	205
11	세일즈 고수가 되는 길	211

| 5-STEP | **1인 기업 성장 전략** |

01	지금의 상황을 정리해야 몰입이 가능합니다	218
02	1인 기업과 멘토링과의 상관관계	223
03	1인 기업의 핵심은 나만의 시스템에 있습니다	226
04	시대의 변화에 어떻게 소통해야 하는가	229
05	독립선언! 새로운 삶의 방법	232
06	성장하는 1인 기업의 해결 과제	234
07	1인 기업 첫걸음 3가지 필수 프레임	237
08	어떻게 해야 안정적인 수익의 1인 기업이 될까요	241
09	비대면 시대 고객 영업전략	245
10	내가 없어도 돌아가는 1인 기업 시스템 만들기	249
11	부를 만드는 목표관리 시크릿	253
12	불확실성을 낮추는 법	256
13	상황이 끝날 때까지 기다리시려고요?	259
14	시간도 없고 정신도 없이 바빠요	263
15	육아와 직장, 사업 사이에서	267
16	망하지 않는 1인 기업 어떻게 시작할까?	271
17	성공하는 1인 기업가의 올바른 태도 3가지	277

에필로그 - 사람을 살리고 바꾸고 세우는 일   283

프롤로그

20년 전 첫 특강,
2005년 교대역 온라인 카페 오프모임

"1인 기업에 대한 특강을 해주실 수 있으실까요?"

모임에서 자기소개가 끝난 후 강연 진행자가 내게 제안했다.

"1인 기업이요?"

사실 그때 나는 대기업에서 제조 수출 중국 관련 컨설팅과 교육을 하고 있던 터라 이런 제안이 낯설었다. 나는 대기업 경영컨설턴트인데 1인 기업이라… 매일 큰 가방을 메고 여의도와 삼성역 그리고 전국 방방곡곡의 기업을 대상으로 출장이 많은지라 거절할 이유는 충분했다. 하지만 대학생 같은 외모에 넉넉한 어깨 크기의 정장을 입은 진행자에게 사실 끌림이 있었다. 교육회사도 아니면서 온라인 카페에서 주최하는 오프라인 강연장과 그리고 그 안에서 만난 수많은 사람들에 대한 신선한 충격도 있었다. 그들은 모두 자신의 시간과 비용을 들여 자신을 위해 투자하는 1인 기업을 꿈꾸는 분들로 평소에 만난 기업에서 만난 청중들과 열정에서 질적인 차이가 났다.

첫 번째 특강을 준비하면서 몇 분의 카페 커뮤니티 회원들을 만나 인터뷰를 하면서 스케치했다. 크게 5가지 이슈를 발견했다.

❶ 성공하고 싶어요
❷ 성장하고 싶어요
❸ 사업하고 싶어요
❹ 부자되고 싶어요
❺ 강의하고 싶어요

그런데 진행자는 왜 내게 '1인 기업' 강의를 해달라고 했을까? 이 젊은 진행자는 독서와 사유의 깊이가 달랐다. 본질을 잘 알고 있었다. 화려한 비전이 아니라 존재가치에 출발점을 두고 있었다.
"내가 누구로서 누구에게 무엇을 어떻게…."
하지만 그때의 대부분 강의 주제는 '기술'에 초점을 맞추고 있었다. 성공하는 법, 성장하는 법, 사업, 부자, 강의하는 기술 등. 성공도 좋고, 성장도 좋고, 사업도 부자도 강의도 좋다. 핵심은 내가 어떤 자세와 태도로 시작하는가가 아닌가?
'기업가정신 = 1인 기업'으로 시작했다. 특강에 참여한 고객들의 피드백은 한마디로 '사이다 같다'였다. 강의를 잘해서가 아니라 오랜 시간 그들이 시간과 비용을 들여 따라다녀도 풀리지 않았던 문제를 건드린 것이다. 그건 바로 'Why'. 왜 성공해야 하고, 왜 성장해야 하고, 왜 사업을 해야 하는가, 왜 부자가 되려고 하는가에 대한 질문이었다.

성황리에 특강이 끝난 후 바로 5주 프로그램으로 시작한 '1인 기업 경영스쿨'이 올해 2025년이니 20년이 되었다. 1기로 시작한 '1인 기업 경영스쿨'은 157기를 준비하고 있다.(2025년 10월 기준) 그동안의 수강생만도 5,800명이 넘는다. 1인 기업 20년, 5,800명, 157기를 진행하고 한 분 한 분 만나가며 나는 무엇을 얻었을까?

시간이 흐르며 카카오톡과 오픈방이 생겼고 네이버가 시작했고 유튜브, 페이스북, 클라우딩, 팟캐스트, 챗GPT에 이르기까지 1인 기업을 위한 경영환경은 지속적으로 좋아졌다. 남은 것은 바로 개인이 기업가로서의 시스템을 구축하는 것이다. 평범한 사람이 비범한 경영자가 되기 위한 프로그램과 멘토링 시스템만 있다면 가능하다. 그동안 수많은 성공자가 배출되었고 생각지 못한 갈등과 어려움 덕에 나의 기도 제목이 늘어가지만, 동시에 나 역시 다듬어져 가고 있었다. 점점 예리해지고 유연해지는 과정에서 얻은 경험과 비결을 미래의 멘토들과 나누고자 정리를 했다.

서울숲에서 김형환

추천의 글

맹명관 / 마케팅스페셜 리스트

기업을 멘토링하는 것은 깊은 통찰력과 혜안 없이는 불가능한, 어찌 보면 지난한 작업이다. 더욱이 1인 기업의 경영자에 대한 멘토링은 '나'를 중심으로 기획하고 특유의 전략과 경쟁력을 세심하게 지도해야 하며 나아가 현실적인 장애요인을 극복해 주어야 하므로 누구든 쉽게 나설 수 없는 전문 영역이다. 무엇보다 20여 년간을 1인 기업 경영자들을 인큐베이팅하고 전문적으로 멘토링한 김형환 교수의 총체적 경험과 이론적 접근은 타의 추종을 불허한다. 특히 1인 기업 경영자들의 내밀한 고백이라 해도 무방할 내용들이 마치 지상 멘토링의 생생한 중계처럼 느껴지는 것은 본 저서를 일독하게 만드는 요인이며 향후 저서의 가치를 높여줄 명확한 이유가 될 것 같다.

한근태 / 한스컨설팅

올해 칠순인 나는 25년 이상 1인 기업을 운영 중이다. 중간에 대학교수도 7년을 했지만, 어떤 의미에서는 대학교수도 1인 기업이다. 제법 만족한 삶을 살고 있다. 경제적으로도 괜찮고 무엇보다 자유롭고 홀가분하다. 노조 때문에 고민할 필요도 없고, 사무실 물 새는 문제도 없고, 무엇보다 경제적으로 자유롭기 때문이다. 하지만 결코 쉬운 일은 아니다. 고객이 찾아주지 않으면 한순간에 몰락할 수 있기 때문이다. 그래서 늘 나 자신을 갈고닦기 위해 애를 쓴다. 육체적으로, 정신적으로, 지적으로 도움을 주기 위해 공부한다. 10년 넘게 헬스를 하고, 57권의 책을 썼으며, 수많은 고객들에게 도움을 주기 위해 매년 100권 이상의 책을 읽고, 새로운 지식을 흡수하기 위해 애를 쓴다.

내가 1인 기업을 하게 된 건 20년 전쯤 봤던 책 〈프리에이전트의 시대가 오고 있다〉와 〈코끼리와 벼룩)이란 책 덕분이다. 두 권의 책이 주는 메시지는 분명하다. "앞으로는 큰 기업보다 강하고 전문성 있는 개인이 살아남는다. 대체 불가능한 나를 만들면 그게 나를 지켜줄 것이다." 그럴 거 같은 생각에 한번 시도를 했다. 처음에는 어려움이 많았지만, 일정 경지에 오르자, 그 말이 맞다는 생각을 하게 됐다. 더구나 AI의 등장으로 기존의 일거리는 줄지만 이를 활용한 1인 기업가는 늘어날 걸로 예상한다.

이 책의 저자 김형환은 오랫동안 1인 기업가를 교육하는 일을 했고 난 그가 운영하는 독서모임에서 여러 번 강의를 했다. 개인의 유익보다는 사회를 위해, 소외된 이웃을 위해, 청년을 위해 봉사를 한 훌륭한 분이다. 이 책이 1인 기업가를 꿈꾸는 이들에게 희망이 되길 소망한다.

유영만 / 한양대학교 교수, 지식생태학자, 〈코나투스〉 저자

20년간 5,000명의 1인 기업가의 비전을 현실로 바꾼 김형환 교수의 특별한 멘토링 5단계 전략과 방법은 오리무중한 삶으로 '방황'하는 사람들에게 지금 이 순간 무엇에 몰입하고 매진하면 오색찬란한 미래 사업가가 될 수 있는 '방향'을 알려주는 실전형 노하우의 집대성이다. 평범한 사람의 작은 '보행'이 비범한 사업가의 위대한 '행보'로 전환되는 역사적인 순간을 경험하고 싶은 모든 사람들에게 이 책은 불확실한 미지의 세계로 뛰어들기 전에 반드시 읽어봐야 할 필독서이자 인생의 나침반처럼 늘 지참하고 다녀야 할 참고서다.

조연심 / 엠유 대표, 〈감으로 하는 브랜딩은 끝났다〉 저자

20년 전 '1인 기업'이라는 말조차 낯설던 시대에 누구보다 앞서 그 가능성을 믿고 현장에서 실험하며 5,000명 넘는 사람들의 인생을 바꿔낸 김형환 교수님의 진심 어린 여정을 책 한 권에 마주하니, 동료이자 전우로서 깊은 감회가 밀려옵니다. '성장하고 싶어요' '부자되고 싶어요' '나도 강의하고 싶어요'… 그렇게 누군가의 막막한 열망에서 시작된 이 여정은, 이제 '멘토링 5단계'라는 촘촘한 설계도를 통해 수많은 1인 기업가들의 생존을 넘어, 지속 가능한 브랜드로 성장하게 하는 지도이자 나침반이 되었습니다.

이 책은 '나를 알아가는 것'부터 시작하여 '타인과 소통하고 설득하는 기술' '가치를 전달하는 마케팅과 영업' 그리고 '브랜드로서 자립하는 시스템화'까지, 퍼스널 브랜딩의 정수를 아우릅니다. 제가 강조해 온 '브랜드는 곧 생존의 무기'라는 말이 김형환 교수님의 5단계 멘토링 속에서 구체화되고 실행 전략으로 살아 숨 쉬는 것을 느낍니다. 한 분야를 지키며 각자의 자리에서 최선을 다해온 우리. 전장에서 등을 맡기고 싸워온 전우처럼 서로를 북돋으며 오늘에 이르렀기에, 이 책의 출간은 단순한 출판을 넘어 '지속 가능한 브랜드 생태계' 구축의 결정판이라 말하고 싶습니다.

이 책은 지금 1인 기업가로 첫 발을 내딛는 당신에게는 '살아남는 법'을, 이미 뛰고 있는 이들에게는 '비약의 방법'을, 그리고 나처럼 누군가를 키우는 사람에게는 '확산의 언어'를 제공합니다. 〈당신의 1인 기업을 깨우는 멘토링 5단계〉는 반드시 실천해야 할 생존 전략서입니다. 지금이 바로 당신의 브랜드가 깨어날 시간입니다. 모두의 책장에 꽂혀야 할 단 한 권, 당신의 이름값을 설계하고 싶은 이라면 반드시 읽기를 추천합니다.

최재용 / 16기 / 2008년 / 디지털융합교육원 원장

"1인 기업은 단순한 생계수단이 아니라, 스스로를 발견하고 성장시키는 여정이다."
김형환 교수님의 〈당신의 1인 기업을 깨우는 멘토링 5단계〉는 이 진리를 탁월하게 보여줍니다. 20년간 5,800명 이상의 1인 기업가를 만나며 다듬어진 이 멘토링 시스템은, 자기 이해에서 출발해 실행 전략·관계·영업·성장까지 이어지는 체계적인 길잡이입니다.
특히 '잠든 나를 깨워라'라는 첫 단계에서 강조하듯, 사업보다 중요한 것은 '내가 누구인지'

와 '왜 이 일을 하는지'를 묻는 질문입니다. 이 책은 독자가 그 질문에 답하도록 도와주고, 현실적인 자금·고객·마케팅의 벽을 돌파하는 실행 도구까지 제공합니다. 김형환 교수님의 멘토링 5단계는 그들에게 방향성을 제시해 주는 든든한 나침반이자, 변화를 실천하도록 이끄는 실제적 매뉴얼입니다. '왜 성장해야 하는가?'라는 본질적인 물음에 답하고 싶은 모든 1인 기업가와 예비 창업가에게, 이 책을 자신있게 추천드립니다.

이지연 / 21기 / 2010년 / 비즈니스 다각화 전문가, 두잉클래스 대표

진정한 멘토와의 17년, 그리고 세대를 이어가는 성장 이야기. 2008년 CBMC 조찬 모임에서 김형환 교수님을 처음 만났을 때만 해도, 그 만남이 나와 우리 가족, 그리고 수많은 사람의 인생을 바꿀 전환점이 될 줄은 몰랐습니다. 당시 학원을 운영하며 바쁜 일상에 쫓기던 저에게 교수님의 1인 기업 철학은 마치 안개 속에서 등대를 발견한 것과 같았습니다. 단순히 사업 기법을 가르치는 것이 아니라, '내가 누구이고, 왜 이 일을 해야 하는가'라는 본질적 질문을 던져주었기 때문입니다. 그래서 1인 기업 21기에 등록한 후, 수차례 반복 수강을 하게 되었고, 학원 교사들에게도 필수 교육과정으로 만들었습니다. 더욱 놀라운 것은 이 교육의 가치가 세대를 이어간다는 것이었습니다. 현재 24살인 딸이 8살이 되던 해, 10살부터 참여할 수 있는 SPL(셀프 플래닝 리더십) 과정 1기에 무조건 등록시켰습니다. 초등학교 1학년 때부터 시작해 청소년상하이캠프, 21살의 청년열정캠프까지 이 모든 과정을 따라가며 성장하는 딸을 보면서, 진정한 교육이 무엇인지 깨달을 수 있었습니다.

17년이 흐른 지금, 저는 많은 1인 기업인들을 소개하고 연결하는 일을 하며, 1인 기업 경영스쿨 멘토로서 교수님의 일과 사람들 곁에서 함께하고 있습니다. 나 자신의 성장을 되짚어보니, 이제는 더 큰 그림을 그릴 수 있게 되었고, 그것이 얼마나 큰 축복인지 새삼 깨닫습니다. 이 책 속에는 단순한 성공 기법이 아닌, 20년간 5,800명과 함께 걸어온 진정한 멘토의 통찰이 담겨 있습니다. 교수님은 시대의 변화 속에서도 변하지 않는 본질, '왜'라는 질문의 중요성을 일관되게 강조해 왔습니다. 나로부터 시작된 변화가 내 자녀에게, 학생들에게, 학부모들에게, 그리고 수많은 1인 기업인들에게까지 이어지는 것을 목격하며, 진정한 교육과 멘토링의 힘을 실감합니다. 이 책이 또 다른 누군가에게 인생의 전환점이 되기를, 그래서 더 많은 사람이 자신만의 '1인 기업가정신'을 발견하기를 간절히 소망합니다. 평범한 만남이 비범한 성장으로, 개인의 변화가 세대의 변화로 이어지는 기적을 경험하고 싶다면, 이 책을 꼭 읽어보시기 바랍니다.

정광우 / 26기 / 2013년 / 정글엠엔씨 CEO

이 책은 단순히 1인 기업 창업을 위한 매뉴얼을 넘어 '나는 누구인가'라는 질문에서 출발해 자기 이해, 커리어 전환, 관계, 마케팅 그리고 지속 가능한 성장까지 다루고 있습니다. 저자는 지난 20년간 5,000명이 넘는 1인 기업가를 직접 멘토링하며 얻은 경험을 5단계로 정리했습니다. 책장을 넘기다 보면 마치 멘토와 마주 앉아 상담을 받는 듯, 구체적이고 현실적인 조언을 얻게 됩니다. 특히 '자금이 없어도 시작할 수 있다' '성장통은 필연이며 극복 과정이 곧 자산이다' '내가 없어도 돌아가는 시스템을 만들어야 한다'는 메시지는 지금의 불확실한 시대를 살아가는 모든 개인 기업가에게 꼭 필요한 지침입니다. 스스로의 길을 찾고 싶어 하는 청년, 퇴직 이후 새로운 도전을 준비하는 중장년, 그리고 이미 사업을 시작했지만 성장의 벽에 부딪힌 모든 분들께 이 책을 권합니다. 당신의 1인 기업을 깨우는 가장 든든한 길잡이가 될 것입니다.

김나연 / 32기 / 2014년 / 루틴포유·요니나 CEO

20대 중반 청년열정캠프로 처음 교수님을 알게 되었습니다. 자존감보다 자존심 하나로 살아왔던 저를 나다움, 사명, 원칙, 본질, 가치 등을 찾을 수 있게 도와주셨어요. 만약 늦게 만났더라면 더 많은 길을 헤매지 않았을까 싶어요. 1인 기업을 망설이고 있다면, 앞으로 내가 해야 할 일을 찾고 싶다면 이 책을 통해 하나씩 내 안의 무언가를 깨는 시간이길 바랍니다. 특히 '닮고 싶은 사람처럼 살아라' '작게 시작해라' '될 때까지 해라' '내가 최선을 다해야 하는 것은 과정이다' 등 메시지를 직접 실천하고 있습니다. 덕분에 남과 쉽게 비교할 수 있는 세상 속에서 가슴 뛰는 일을 지속적으로 하고 있습니다. 나만 알고 싶은 콘텐츠가 세상에 나온다니! 더 많은 분들에게 도움이 되길 바랍니다. 읽고 끝내지 마시고 지금 당장 오늘만 하세요!

김도은 / 35기 / 2015년 / 올투윈컨설팅, 유니시티 CCM(체어맨스클럽 멤버)

무엇보다도 김형환 교수님의 신간 〈당신의 1인 기업을 깨우는 멘토링 5단계〉 출간을 진심으로 축하드립니다. 저는 지난 20년간 네트워크 마케팅 사업을 이어오며, 지금은 유튜브 영상을 기반으로 한 온라인 마케팅 사업과 병행하고 있습니다. 돌이켜 보면, 사업이라는 길은 언제나 도전과 불확실성의 연속이었습니다. 처음 시작하는 이에게는 구체적인 길잡이가 없는 막연한 두려움과 수많은 시행착오가 따르기 마련입니다. 저 역시 그러한 시기를 지나며 늘 갈급한 마음으로 배움의 길을 찾고 있었습니다. 그때 제가 만난 것이 바로 김형환 교수님의 1인 기업 경영 과정이었습니다. 사업을 이미 시작했지만 여전히 막연함 속에 서 있던 저에게 교수님의 가르침은 마치 '사막에서 만난 오아시스'와 같았습니다. 교수님께서는 A부터 Z까지, 사업의 전 과정을 체계적이고 실질적으로 알려주셨습니다. 덕분에 저는 단순한 지식이 아닌, 실제로 실행 가능한 지혜와 용기를 얻을 수 있었습니다.

김형환 교수님과의 첫 만남은 2010년, 500명 청중 가운데 한 사람으로 교수님의 강의를 들었을 때였습니다. 그때 들었던 '1인 기업가로서의 자세'에 관한 강의는 제 마음에 깊은 울림을 주었고 오래도록 기억에 남아 있습니다. 그리고 2015년, 제가 리더로서의 자질이 절실히 필요하던 시기에 다시 교수님과 인연을 맺게 된 것은 제 인생에서 가장 큰 축복 중 하나였습니다. 그 후로 저는 수많은 갈림길 앞에 서 있었지만, 성장의 필요를 느낄 때마다 교수님의 깊이 있는 배움과 따뜻한 카운셀링을 통해 늘 올바른 방향을 잡을 수 있었습니다. 특히 교수님의 언행일치와 흔들림 없는 삶의 태도는 저에게 늘 깊은 울림을 주었고, 그 진정성 있는 모습 속에서 저 또한 '진짜 기업가정신'이 무엇인지 배우게 되었습니다.

저에게 김형환 교수님은 단순한 스승을 넘어, 존경하는 멘토이자 인생의 길잡이입니다. 오늘날 세상은 혼자서 살아갈 수 없는 시대입니다. 사업 역시 마찬가지로, 각자의 강점을 살려 서로 협력할 때 더 큰 성과와 지속적인 성장이 가능해집니다. 그렇기에 한 개인이 기업가로서의 자질과 소양을 갖추는 것은 무엇보다 중요한 시대적 과제가 되었습니다. 바로 그 길 위에서, 대한민국에서만 이미 6천여 명의 기업가를 길러낸 분이 김형환 교수님입니다.

이번에 출간된 〈당신의 1인 기업을 깨우는 멘토링 5단계〉는 교수님의 수십 년의 경험과 철학, 그리고 수많은 제자들과 함께 걸어온 여정이 응축된 결실이라 생각합니다. 이 책은 단순히 사업 지침서가 아니라, 한 개인이 어떻게 스스로를 깨우고, 타인을 이해하며, 시대의 변화를 읽어가야 하는지를 명확히 보여주는 귀한 멘토링의 길잡이입니다. 이 책이 앞으로 혼자 고민하며 길을 찾는 수많은 예비 기업가들에게 등불이 되어줄 것이라 확신합니다. 각자가 원하는 사업의 길을 열정적으로 펼쳐 나가는 데 큰 힘이 될 것입니다. 무엇보다도 이 책을 통해 더 많은 분들이 자신의 가능성을 발견하고, 스스로를 성장시키며, 대한민국의 미래를 이끌어가는 기업가로 세워지기를 간절히 바랍니다. 김형환 교수님의 늘 변함없는 헌신과 사랑에 깊은 존경과 감사를 드리며, 이 귀한 책이 시대를 깨우는 멘토링의 지침서로 오래도록 많은 이들에게 읽히고 기억되기를 소망합니다.

전수정 / 38기 / 2016년 / 뉴스킨 최고직급 블루다이아몬드

저는 늘 성실함과 열정을 바탕으로 살아왔습니다. 사람들과의 관계도 원만했고, 주어진 일에 최선을 다하다 보면 비록 크게 부유하지 않더라도 원하는 것들을 이루며 살아갈 수 있으리라 믿었습니다. 그러나 시간이 흐르며 깨달았습니다. 단순한 '열심'만으로는 내가 바라는 삶의 전부를 완성할 수 없다는 사실을 말입니다. 그 무렵, 김형환 교수님을 만나게 되었습니다. 〈삶을 바꾸는 10분 자기경영〉의 저자로 처음 뵈었을 때부터 강렬한 인사이트를 얻었고, 이후 팀원들과 함께 참여한 38기 1인 기업 실천경영과정은 제 삶과 비즈니스 전반에 새로운 전환점을 마련해 주었습니다. 그 과정에서 제가 얻은 가장 큰 선물은 세 가지입니다.

첫째, 삶의 방향성을 분명히 세우는 힘, 사명과 비전.

둘째, 혼자가 아닌 함께할 때 더 큰 성과를 만들어내는 협업의 원리.

셋째, 일과 삶에 곧바로 적용할 수 있는 실질적인 시스템과 전략.

이 세 가지는 지금도 제 경영과 삶을 지탱하는 확고한 기준이 되고 있습니다. 김형환 교수님을 만난다는 것은 단순히 강의를 듣는 차원을 넘어섭니다. 그것은 검증된 지식과 경험을 가진 멘토를 만나는 것이며, 더불어 함께 성장할 수 있는 강력한 인프라와 네트워크를 얻는 일입니다. 저는 자신있게 말씀드릴 수 있습니다. 여러분에게 새로운 가능성과 변화를 열어주실 분, 바로 김형환 교수님을 추천합니다.

박경아 / 47기 / 2017년 / 포어스(주) 대표

업계 1등 브랜드의 명함을 내려놓으며 고민하던 시기에 김형환 교수의 '1인 기업'을 알게 되었다. 47기 과정을 거치면서 그 안에서 배운 '일, 브랜드, 관계'는 나의 사명과 핵심가치를 새롭게 찾게 된 시간이었다. 그 근본을 통해 내 사업의 밑거름이 되었고, 오늘 나는 대형 네일샵 프랜차이즈 가맹본부와 교육사업을 운영하는 포어스(주)의 대표로 일터에서 그 가치를 실천하고 있다. 더 감사한 것은, 교수님은 두 아들에게까지 삶의 방향을 지도해 주신 '가족의 멘토'다. 항상 '함께 성장'을 전하는 메시지는 나의 회사 조직을 만드는 기준이 되었다. 이 책은 나 역시 그랬듯이 시작을 망설이거나, 혼자라는 두려움이 있는 이들에게 꼭 필요한 책이다. 개인에서 브랜드로 확장할 수 있는 가능성을 주는 이 책을 진심으로 권한다.

정찬우 / 53기 / 2018년 / ㈜석세스컴퍼니 대표, 〈30분 회의〉〈901플래너〉 저자

오랜만에 김형환 대표님의 책이 나온다는 반가운 소식을 들었습니다. 1인 기업 멘토링에 관한 책이네요. 국내에서 1인 기업 교육 최고 권위자로 인정받는 김형환 대표님은, 저의 경험에 따르면, 마케팅과 멘토링 분야에 있어서도 탑티어(Top-tier)라고 말씀드릴 수 있습니다. 이런 분이 20여 년간 수천 명을 교육하면서 축적하신 내용을 책으로 정리하셨으니 너무 감사합니다. 우리는 이분의 핵심 노하우를 단 몇 시간 만에 엿볼 기회가 생겼으니 너무 좋네요. 우리는 지금 누구도 예측할 수 없을 만큼 빠른 속도로 변하는 비즈니스 환경에서 살고 있습니다. 많은 분이 이 책을 통해 김형환 대표님의 지혜를 배워서, 세상을 잘 헤쳐 나가는 데 도움이 되기를 바랍니다.

송수용 / 57기 / 2018년 / DID마스터-한국인재인증센터

1인 기업을 시작한 지 17년차가 되었다. 다행히도 꾸준히 성장해 도움이 필요한 이들에게 희망과 용기를 주며 행복하게 1인 기업가로 살고 있다. 여기까지 오는 여정에 1인 기업 국민멘토 김형환 교수님의 가르침이 큰 힘이 되었다. 1인 기업 CEO 경영스쿨 57기로 교수님께 1인 기업의 가치와 본질에 대해 배우고 생각하게 되면서 나의 사명을 명료하게 정리할 수 있게 되었기 때문이다. 수업 시간에 '1인 기업을 하는 이유가 무엇인가?' '1인 기업을 통해 무엇을 얻고자 하는가?' 하는 본원적인 질문을 통해 명확한 문장으로 나의 사명을 표현

전대진 / 82기 / 2020년 / 삶쟁이컴퍼니 CEO, 〈반드시 해낼 거라는 믿음〉 외 저자

이 책은 1인 기업가를 위한 가장 실전적인 멘토링 매뉴얼입니다. 김형환 교수는 지난 20년간 5,000명이 넘는 기업가를 멘토링하며, 개인이 시장에서 경쟁력을 확보하고 성장할 수 있는 방법을 구체적으로 정리해 왔습니다. 〈당신의 1인 기업을 깨우는 멘토링 5단계〉는 자기 이해와 커리어 전환, 관계와 소통, 영업과 마케팅, 그리고 시스템 구축에 이르기까지 1인 기업가가 반드시 거쳐야 할 단계별 전략을 제시합니다. 특히 '내가 없어도 돌아가는 시스템'이라는 메시지는 단순한 편안함이 아니라, 더 큰 가치 창조를 위한 핵심 전략임을 일깨워 줍니다. 시스템은 결국 기버(Giver)의 철학을 바탕으로, 더 많은 고객에게 일관성(Consistency) 있게, 그리고 최고의 탁월성(Excellence)으로 가치를 전달하기 위한 장치입니다. 사람을 위한 시스템, 고객을 위한 시스템이기에 '고객은 가치와 감동에서 지갑을 연다'는 명제가 성립되는 것입니다. 이는 곧 제가 추구하는 고객에게 더 많은 가치를 베풀수록 더 많은 수익이 따라온다는 기버 철학의 본질과도 맞닿아 있습니다. 이 책은 내가 가진 지식과 경험으로 세상에 기여하고자 하는 1인 기업가, 그리고 자기 브랜드를 통해 시장에서 영향력을 확장하려는 모든 이들에게 가장 실용적인 지침이 될 것입니다.

우경하 / 83기 / 2020년 / 나연구소 CEO, 100권 작가

만나는 사람이 변하면 인생은 반드시 변한다. 6년 전, 12년간 다닌 직장생활에 한계를 느껴 몸과 마음이 지쳐 있을 때 김형환 교수님을 처음 만났다. 1인 기업에 대해 아무것도 모를 때라 교수님의 말씀을 다 이해하지 못했지만, 어렴풋하게 이분에게 제대로 배워서 내 삶을 바꾸고 싶다는 느낌을 받았다. 이후 1인 기업 과정과 프로CEO 과정을 통해 1인 기업의 본질, 가치, 핵심 등을 배워나갔다. 몇 년이 지난 후 나는 나연구소 대표, 출판사 피플북 대표, 한국자서전협회장, 100권 작가가 되었다. 시간이 지나서 알게 되었다. 내가 교수님께 배운 것은 1인 기업을 넘어선 진짜 나로 행복한 인생을 살아가는 가치와 방법이었다. 교수님이 수업 시간에 던진 질문이 지금도 생생하다. "당신은 누구로서, 누구에게, 무엇을 어떻게 전하고 싶습니까?" 이 질문을 늘 마음에 두고 실행해 나갔다. 덕분에 태풍이 불어도 쓰러지지 않는 뿌리 깊은 나무가 되었고, 진짜 내가 되고 싶은 사람들의 변화와 성장을 돕는 행복한 1인 기업가가 되었다.

이 책은 20년간 5,800명을 훌륭한 1인 기업의 길로 이끌 삶을 변화시킨 멘토링의 핵심이 담겨 있다. 성공하고 행복한 1인 기업이 되고 싶은 분들의 필독서라 할 만하다. 진짜 나, 최고의 내가 되어 행복한 인생을 살고 싶은 분들에게 이 책을 추천한다.

윤서아 / 85기 / 2020년 / 재노북스 & 한국미디어창업뉴스 편집장

김형환 교수님의 〈당신의 1인 기업을 깨우는 멘토링 5단계〉는 단순한 창업 지침서가 아닙니다. 지난 20여 년간 5,000여 명의 1인 기업가와 함께하며 다듬어진 실천적 지혜와 따뜻한 통찰이 담겨 있습니다. 책장을 넘기다 보면 '나도 할 수 있다'는 자신감이 절로 생기고, 흔들릴 때마다 방향을 바로잡아주는 나침반 같은 책임을 느낍니다. 특히 변화하는 시대 속에서 '나를 이해하고, 고객을 이해하며, 결국 세상과 연결되는 법'을 알려주는 부분은 오늘날 미디어 창업가와 1인 기업가에게 더없이 소중한 메시지입니다. 한국미디어창업뉴스가 지향하는 가치 또한 바로 이런 '사람 중심의 성장'입니다. 이 책은 이제 막 시작하려는 분들에겐 든든한 길잡이가 되고, 이미 걷고 있는 분들에겐 다시금 초심을 불러일으키는 동반자가 될 것입니다. 김형환 교수님의 깊은 경험과 따뜻한 멘토링이 많은 이들에게 희망과 용기를 줄 것이라 확신합니다.

원용정 / 100기 / 2021년 / 매나테크 PPD

코로나 팬데믹으로 전 세계가 올스톱 되고 하던 일도 어떤 대안이 떠오르지 않았을 때 김형환 교수님의 1인 기업 수업을 듣기 시작한 후 프로CEO까지 마치게 되었습니다. 교수님의 멘토링을 받으며 앞으로 나아가는 계기가 되었고 어떤 어려움이 밀려오더라도 헤쳐나갈 힘을 갖게 되었습니다. 1인 기업 수업 때 매일 5가지 체크리스트를 하며 실행력의 근육을 키우고 프로CEO를 통해 1인 기업가로 거듭나며 비즈니스에 많은 도움이 되고 있습니다. 어떤 일을 시작 못 하고 있는 분들께 교수님의 강력한 한마디, '1로 시작하라'는 말씀을 항상 생생하게 기억하고 마음에 새겼습니다.

이번에 출간된 김형환 교수님의 〈당신의 1인 기업을 깨우는 멘토링 5단계〉는 수많은 1인 기업가를 멘토링해 온 20년의 현장에서 경험한 노하우를 한 권에 담아낸 혁신적 지침서입니다. 수천 명을 멘토링하며 쌓아온 지식으로 1인 기업가들에게 명확한 로드맵을 제시하며 이론이 아니라 실전 노하우가 압축되어 바로 현장에 적용 가능한 핵심 포인트가 담겨 있습니다. 이 책은 머릿속에만 있던 암묵지를 형식지로 꺼내 1인 기업가들에게 '무엇을' '왜' 시작하는가에 대한 분명한 방향성을 제시하고, '어떻게' 실행할지에 대한 실천 루트를 제공합니다. 교수님의 멘토링 이력과 교육 철학은 이 책의 신뢰성과 설득력을 한층 더 높입니다.

저의 개인적 경험으로도 이 책은 1인 기업 수업에서 체험한 통찰과 실행력을 그대로 담아내 여러분들에게 즉각적인 변화와 적용 가능성을 열고 또한 1인 기업가들의 멘토링에 새로운 가치를 더할 것입니다. 이 책은 1인 기업가 멘토링 여정의 시작과 안정적 정착에 필수적인 동반자가 될 것입니다.

정미숙 / 100기 / 2021년 / 위드제이코칭 대표, 꾸메땅학습코칭연구소장

29년간 학생과 학원장 교육을 해온 꾸메땅학습코치 정미숙입니다. 누구나 교육자로 남기보다 교육 경영까지 잘하기를 바랍니다. 이때 김형환 교수님의 〈당신의 1인 기업을 깨우는 멘토링 5단계〉는 기다림 끝에 내리는 단비입니다. 단순히 1인 기업을 시작하고자 하는 이들뿐만 아니라, 자신의 삶과 업을 경영하는 모든 이들에게 큰 도움이 되는 책입니다. 교수님은 수년간의 교육과 경영 경험을 바탕으로, 자기 주도적이고 지속 가능한 비즈니스 전략을 체계적으로 정리하여 누구나 실천할 수 있는 방향으로 안내해 주고 있습니다. 이 책을 통해 저뿐 아니라 많은 사람들이 '1인 기업'의 경영에 필요한 전략적 사고와 실행력을 배울 수 있으며, 특히 멘토링을 통한 성장과 변화를 실제로 경험할 수 있을 것입니다. 또한 많은 학원장님들과 학생들을 멘토링하는 저에게 적용하여 저와 제 고객에게 실질적인 성과를 낼 것을 기대하고 있습니다.

교수님께서 직접 전하는 실천적인 조언과 전략은 1인 기업을 운영하며 겪을 수 있는 다양한 고민과 문제를 해결하는 데 큰 도움이 될 것입니다. 이 책이 독자들의 성장과 성공을 위한 중요한 디딤돌이 되기를 바랍니다.

이선희 / 112기 / 2022년 / 해냄 마인드컴퍼니·해냄 글쓰기클래스 대표

1인 기업 멘토로 20년 세월을 보낸 김형환 대표님에게 안성맞춤인 주제이며 제목입니다. 이 책은 1인 기업을 운영하는 사람들이 지속적인 성장을 추구하는 과정에 방향을 제시해 주는 경험적 이론서입니다. 직접 현장에서 발로 뛰면서 배운 삶의 지혜를 고스란히 전해주는 김형환 대표님 비즈니스의 총체적 도약이 담겨 있습니다. 성장을 위해서는 꾸준한 학습과 자기분석 그리고 통찰이 필요합니다. 1인 기업을 시작한다는 것은 나 자신을 정확하게 알고 내가 간절하게 하고 싶고 원하는 일을 찾기 위해 강점을 발견하는 일입니다. 그 강점을 발견하기 위해 "나는 누구이며 사명과 비전은 무엇인가?"을 통해 멘토링 시스템을 갖추어 나갑니다. '나'는 그 무엇이 아니라 '누구'일 수 있는 존재론적, 즉 가능 존재라는 것, 잠든 나를 깨우는 과정이 바로 1인 기업 멘토링에서 경험할 수 있습니다. 사람은 태어났다 홀로 죽습니다. 그러나 '나'의 삶의 의미를 주는 것은 '나'와 다른 사람들이 더불어 이룬 공동체입니다. 1인 기업의 역할과 책임 선택과 결정은 곧 타자 속에서 던져진 나와 연루된 사람들 속에서 일어나는 수많은 문제를 해결해 가는 과정입니다.

1인 기업가는 〈당신의 1인 기업을 깨우는 멘토링 5단계〉로 시간관리, 지식관리, 성과관리를 배울 수 있습니다. 소통과 관계관리, 마케팅 전략도 직접 체험할 수 있게 돕는 분이 대표님입니다. 어제도 전화해 주셨습니다. 요즘 어떠냐고. 제가 하는 비즈니스가 나락으로 떨어져 고민 중이라고 말씀드렸네요. 고객을 만나서 책 써야 한다는 말은 빼고 고객의 문제를 해결해 주기 위해 세 번만 만나라! 그들을 먼저 도와주면 그들이 성장하게 되니 나에게 다시 찾아올 수 있게 간절한 마음이 생길 것이다. 그 마음이 생기게 하라! 그 마음 일어나게 세 번 꼭 만나라! 첫째 그들의 이야기를 들어주고, 둘째 그들을 진단해 주고, 셋째 지금 하고 있는 일을 칭찬해 줘라. 그냥이 아닌 분석을 통해서 제대로 조언해 주면 가망고객이 될 것이다. 이 말씀 해주는 데 제가 생기가 돌면서 무엇을 어떻게 해야 할지 해결점이 보입니다.

대표님을 뵌 지 3년이 지났습니다. 그러나 늘 한결같이 대해줍니다. 제가 1인 기업 수강할 때나 그렇지 않을 때나 늘 같은 모습으로 대해주시니 신뢰가 생깁니다. 멘토링할 때마다 주의 깊게 들어주고 가장 고민하는 한 가지 해법으로 해결점을 줍니다. 답을 주는 것이 아니라 내가 누구로서 누구에게 무엇을 어떻게 핵심 키워드로 생각할 수 있게 도와줍니다. 1인 기업을 시작한다는 것은 나 자신을 바로 세우고 내가 진심으로 하고 싶은 일을 찾아 의미와 가치를 창출하는 과정입니다. 이런 분들에게 강력하게 추천합니다. 1인 기업을 하고 있거나 잘하고 싶은 분이 있으면 1인 기업 사관학교인 김형환 대표의 경영자과정을 필수로 마스터하십시오. 〈당신의 1인 기업을 깨우는 멘토링 5단계〉로 왜 1인 기업을 공부해야 하는지 경험을 도구화하는 방법을 배울 수 있습니다.

이지선 / 124기 / 2023년 / 그릿아카데미 CEO

"디지털노마드가 되고 싶었는데 디지털노가다 같아요."

교수님께 처음했던 질문입니다. 저는 경력단절 주부로 시작했습니다. 지금은 블로그를 온라인 이력서로 만들어 그릿블챌, 그릿배당금, 그릿마스터 과정을 운영하고 있습니다.

"1로 시작하세요" "남에 뒤에 줄 서지 마세요" "김밥천국이 되고 싶나요? 설렁탕 전문점이 되고 싶나요?" 교수님을 처음 줌에서 뵈었을 때 깨달았습니다. 교수님을 만나고 1인 기업 과정을 등록했습니다. 3개월 동안 집중했습니다. 이것저것 배우지 않고 교수님을 멘토로 생각하며 배움을 택했습니다. "노트북 가지고 다닌다고 100만 원이나 벌겠니?" "집에서 애만 키우지 그런 거를 하고 그래~" 저를 응원하는 사람은 없었습니다. 1인 기업 과정을 나오면 '삶은 경영'이라고 생각합니다. 나를 경영하고, 가정을 경영하는 방법, 스토리를 브랜딩으로 만들어 콘텐츠로 고객과 관계를 맺는 방법, 그 어느 누구에게도 배울 수 없습니다. 직접 해본 김형환 교수님께 배우길 추천드립니다.

지금은 50플러스센터, 대기업 문화센터, 대학교에서 외부 초청강의를 하고 있습니다. 저는 아이만 키우던 엄마이고 집순이입니다. 프로CEO 발표회 때 한 번 크게 아팠습니다. 제안의 허들을 넘는 경험이었다고 생각합니다. 프로CEO 과정 덕분에 강의 현장에서 처음 만난 분들과 1~3시간 동안 강의를 하게 될 수 있었다고 자신있게 말씀드립니다. 일단 교수님의 멘토링으로 자신감부터 찾아보세요. 삶이 달라지는 첫 시작입니다.

이하이 / 124기 / 2023년 / 노션하이캠퍼스 대표

2년 전, 막연한 창업의 꿈을 품고 김형환 교수님의 1인 기업 경영스쿨 문을 두드렸을 때, 저는 그저 '뭔가 다른 삶'을 원하는 평범한 사람이었습니다. 가진 것도, 특별히 잘하는 것도 없다고 생각했던 제가 지금 노션하이캠퍼스라는 브랜드로 1인 기업을 운영하며 많은 분들에게 노션 교육을 제공하고 있습니다. 이 모든 변화의 시작점에 김형환 교수님의 멘토링이 있었습니다.

교수님의 이 한 말씀이 제 인생을 바꿨습니다. 처음 1-STEP '잠든 나를 깨워라'를 진행할 때, 교수님은 저에게 '나만의 핵심 질문'을 찾아보라고 하셨습니다. '내가 누구인가? 어디로 갈 것인가? 무엇을 얻고, 무엇을 버릴 것인가?' 이 질문들을 통해 저는 비로소 제 안에 숨어있던 보석을 발견할 수 있었습니다. 다른 사람들에게 가치를 줄 수 있는 저만의 강점이었다는 것을 깨닫고 그 과정에서 노션을 활용하여 정리하고 시스템을 만들게 되었습니다. 특히 기억에 남는 것은 교수님께서 강조하신 '남들과 비교하지 마라. 그는 그의 길, 나는 나의 길'이라는 말씀이었습니다. 저는 늘 다른 성공한 1인 기업가들과 제 자신을 비교하며 위축되곤 했습니다. 하지만 교수님의 가르침을 통해 제 체급과 종목에서 챔피언이 될 수 있다는 자신감을 얻었습니다.

2-STEP에서 4-STEP까지 진행하면서, 저는 단순히 스킬을 배우는 것이 아니라 진정한 '기업가 정신'을 체득했습니다. 고객과의 관계 형성, 영업과 마케팅의 본질, 그리고 무엇보다 '원가보다 높은 가치가 이윤을 만든다'는 핵심 원리를 이해하게 되었습니다. 노션 교육이라는 서비스가 단순한 툴 사용법 전수가 아니라, 고객들의 생산성과 삶의 질을 향상시키는 가치 있는 일이라는 확신을 갖게 된 것도 이때였습니다.

5-STEP '1인 기업 성장 전략'에서는 '내가 없어도 돌아가는 1인 기업 시스템 만들기'를 배웠습니다. 현재 노션하이캠퍼스의 온라인 강의 시스템, 고객 관리 프로세스, 콘텐츠 제작 워크플로우가 모두 이때 설계한 시스템을 기반으로 하고 있습니다.

이 책 〈당신의 1인 기업을 깨우는 멘토링 5단계〉는 교수님의 20년 노하우가 고스란히 담긴 보물 같은 책입니다. 157기까지 진행되며, 5,800명이 넘는 수강생들과 함께 검증된 실전 멘토링의 정수가 여기에 있습니다. 특히 각 단계별로 제시되는 구체적인 질문들과 실행 전략들은 막연했던 1인 기업의 꿈을 현실로 만드는 실용적인 가이드가 되어줍니다. 책에 담긴 모든 내용이 제 1인 기업 여정의 나침반이 되어주었습니다. 지금 1인 기업을 꿈꾸고 계신 분들, 이미 시작했지만 방향을 잡지 못하고 계신 분들에게 자신있게 말씀드립니다. 김형환 교수님의 멘토링과 이 책은 여러분의 인생을 바꿀 것입니다. 저처럼 평범했던 사람도 자신만의 브랜드로 의미 있는 1인 기업을 만들 수 있습니다. 교수님, 그리고 이 소중한 책에 진심으로 감사드립니다.

김혜련 / 129기 / 2023년 / 한국 암웨이 트리플다이아몬드

20년의 성찰이 빚어낸, 평범한 나를 '비범한 1인 기업가'로 깨우는 5단계 멘토링, 김형환 교수의 20년 멘토링 여정을 담은 이 책은 5,800명이 넘는 1인 기업가를 배출하며 다듬어진, '나를 누구로서 세울 것인가'에 대한 본질적인 질문과 그 실질적인 해답을 제시합니다. 저자는 꿈과 현실의 간극에서 갈등하는 이들에게 "과거의 꿈을 좇지 말고, 새로운 경험에서 새로운 꿈을 찾아라"고 조언하는 부분에서는 진정한 멘토의 따뜻하면서도 예리한 시선이 느껴집니다. 나아가 이 책은 커리어 전환, 인간관계, 영업·마케팅, 성장 전략 등 1인 기업이 겪는 모든 문제의 본질을 '나'에게서 찾고, 해결책을 제시합니다. 결과보다 과정에 집중하고, 일과 삶의 목적을 고객의 행복과 연결하라는 조언은 '행복하게 일하고 싶은' 모든 이에게 깊은 울림을 줄 것입니다.

20년간 수많은 개인의 성장을 이끈 저자의 경험과 지혜가 농축된 이 책은, '평범한 나'를 '비범한 경영자'로 변화시키고자 하는 이들의 필독서입니다. '자기 이해'부터 '시스템 구축'까지, 이 5단계 멘토링을 따라가다 보면 어느새 우리의 1인 기업가정신이 깨어나 있을 것입니다. 이 책은 기술을 넘어 경영 마인드를 정립하게 해줍니다. 고객은 무엇에 감동하는가에 집중하고, 나만의 시스템을 구축해야만 지속 가능한 롱런 커리어를 만들 수 있음을 배웠습니다. 저는 실제로 김형환 교수님의 열정적인 강의를 들으며 큰 도움을 받은 제자입니다. 지금도 초를 쪼개어 살아가시는 교수님의 유쾌함과 엄청난 실행력은 저에게는 가장 배우고 싶은 리더십 그 자체입니다. 막연한 비전에 지쳐 있다면, 이 책을 통해 '나는 누구인가'라는 핵심 질문을 던져보세요. 김형환 교수님의 명쾌한 멘토링은 우리의 에너지를 어떤 방향으로 몰입해야 하는가를 속시원하게 안내해 줄 것입니다.

장서우 / 137기 / 2024년 / 작가·코치, 〈어른은 적도 편도 만들지 않는다〉 저자

1인 기업의 길, 그 외롭고 험난한 여정 속에서 이따금 방향을 잃고 헤매는 분들에게 김형환 교수의 〈당신의 1인 기업을 깨우는 멘토링 5단계〉는 든든한 멘토가 되어줄 것이다. 이 책은 1인 기업가에게 가장 필요한 내면의 힘을 어떻게 기를 수 있는지를 짚어준다. 자신을 싫어했던 아내의 마음을 얻기 위해 10년간 한결같이 노력했던 저자의 사랑 이야기는 이 책이 전하고자 하는 메시지와 맞닿아 있다. '오랜 기다림과 인내'라는 미덕이 어떻게 한 사람의 인생을 바꾸고 결실을 맺게 하는지를 그의 삶이 보여주고 있기 때문이다. 많은 시행착오 속에서 길어 올린 저자의 20년 멘토링 경험과 인생 철학이 담긴 이 책을 통해 당신의 잠든 가능성을 깨우고 흔들리지 않는 1인 기업가로 성장하길 바란다.

1-STEP

잠든 나를 깨워라

나를 이해하는 순간,
변화의 씨앗이 싹튼다

'나는 누구이며, 사명과 비전은 무엇인가?'
질문을 통해 나를 이해하고, 스트레스를 관리하고,
자신을 성장시키는 방법을 알아봅니다.

01
나를 알아가는 과정이
1인 기업입니다

　1인 기업을 시작한다는 것은 단순히 돈을 벌기 위한 것이 아닙니다. 이는 나 자신을 이해하고, 내가 진정으로 하고 싶은 일을 찾아가는 과정에서 의미를 찾을 수 있습니다. 많은 사람들이 직장을 다니며 투잡이나 쓰리잡을 고민합니다. 하지만 중요한 것은 일의 수가 아니라, 자신이 무엇을 감당할 수 있는지를 아는 것, 즉 메타인지입니다. 1인 기업의 시작을 위한 세 가지 핵심 주제 - 자기 이해, 자금 문제, 성장과 도전을 - 중심으로 살펴보겠습니다.

▎나를 이해하는 것이 첫걸음이다

　1인 기업을 시작하려면 자신을 깊이 이해하는 것이 가장 중요합니다. 어떤 직업이 자신에게 맞는지, 자신의 역량은 어느 정도인지 아는 것은 모든 것의 시작입니다. 자신을 알아가는 과정에서는 생각하는 시간이 필요합니다. 과거의 실수를 복기하고, 미래를 상상하며, 현재 내가 하고 있는 일에 대해 고민해야 합니다. 예를 들어, 독수리가 되기 위해서는 절벽에서 떨어져 날개를 펴는 연습을 해야 하는 것처럼, 새로운 일을 시작할 때는 익숙하지 않은 것에 도전하는 용기가 필요합니다. 이처럼 자신에 대한 이해와 고민의 시간을 가질 때, 비로소 본질을 찾고 나아갈 방향을 설정할 수 있습니다.

자금은 도전의 걸림돌이 아니다

많은 사람들이 사업을 시작하면서 가장 큰 문제로 자금을 꼽습니다. 하지만 자금 없이도 시작할 수 있습니다. 사업이란 반드시 거창한 사무실이나 많은 자본이 있어야만 가능한 것이 아닙니다. 작은 자본으로도, 때로는 아무런 자본 없이도 사업을 시작할 수 있습니다. 중요한 것은 전략과 실행력입니다. 자금 부족을 핑계로 꿈을 미루기보다는, 현재 내가 할 수 있는 것부터 시작하는 것이 필요합니다. 100만 원밖에 없다면 100만 원으로 시작하고, 그 안에서 작은 성공을 쌓아가며 자금을 늘려가는 방법도 있습니다.

성장통을 극복하며 나아가기

1인 기업을 시작하면 필연적으로 성장통을 겪게 됩니다. 성장통은 곧 고난과 역경을 의미하며, 이를 극복하면서 우리는 더 큰 성장을 이룰 수 있습니다. 직장생활의 어려움과는 다른, 더 큰 도전이 기다리고 있지만, 이 과정을 통해 자신을 더 단단하게 만들 수 있습니다. 목표를 세우고 그 목표에 도달하는 과정에서의 작은 성공을 통해 희망을 찾아야 합니다. 예를 들어, 체중이 100kg인 사람이 60kg을 목표로 삼는다면 40kg을 감량하는 과정은 분명 어려울 것입니다. 하지만 그 어려움을 하나씩 극복해 나가면서, 매일의 작은 성취에 행복을 느낄 수 있습니다.

나를 위한 여정, 도전의 가치

1인 기업은 나 자신을 이해하고, 나만의 방법으로 성장해 나가는 여정입니다. 처음에는 생존이 목표일 수 있지만, 시간이 지나면서 성장과 사랑이 그 안에 자리하게 됩니다. 사랑이란 나 자신뿐만 아니라, 나의 일을 필요로 하는 고객과 세상을 위한 것일 수 있습니다. 세상에 필요한 가치를 창출하며 지속 가능한 성장을 이뤄가는 것, 그것이 진정한 1인 기업의 목표가 되어야 할 것입니다.

02
나의 체급과 조건이 나의 챔피언 자본이다

▌살면서 잘한 결정, 해결한 일 10가지가 나의 브랜드가 된다

제가 운영하는 독서 모임을 통해 각자의 전략 독서를 통해 자신의 내면에서 보석을 찾아갈 수 있다고 강조하고 있습니다. 체급과 종목은 내가 결정하기 때문에, 남들이 선정한 책을 무작정 따라갈 것이 아니라, 과감하게 내가 읽어야 할 책을 선택해야 하죠. 멘토링을 통해, 가장 잘한 결정, 책임, 해결 등을 세 가지 영역에서 뽑아야 하는 글쓰기 과제를 진행하고 있어요. 많은 사람들이 남보다 잘난 사람에게 초점을 맞추고 자신의 결정을 잃어버리기 쉬워요.

하지만 내가 살아오면서 가장 잘한 결정과 책임, 해결한 일을 10가지를 뽑아볼까요? 요즘에는 출발점이 내가 아닌, 다른 사람을 기준으로 두는 사람들이 많아요. 나보다 잘난 사람이 눈에 더 들어오는 거죠. 하지만 내 콘텐츠와 내 고객은 어떤 특정한 SNS에만 국한되는 게 아니에요.

인스타그램, 페이스북 등은 결국 기업의 마케팅 도구일 뿐이며, 사용자 신뢰는 지속되지 않을 수 있어요. 기술의 발전에도 불구하고, 사용자가 쌓은 콘텐츠와 팔로워가 하루아침에 사라질 수 있는 위험이 존재하죠. 따라서, 개인의 브랜드 가치가 가장 중요하며, 이에 대한 책임과 결정을 잘 내리는 것이 필요해요.

그는 그의 길, 나는 나의 길

나만 뒤떨어진 것처럼 느껴지죠? 하지만 비교우위를 가지고 사람들과 비교할 필요가 없어요. 내가 어떤 차를 타든, 그게 외제차든 국산차든 나는 내 길에서 죽이 되든 밥이 되든 성장할 수 있겠죠. 차별화를 결과로 둔다면 우울증이 걸려요. 하지만 내가 나의 길을 찾아나가는 것이 중요해요.

남들의 기준을 따르지 말고, 나만의 본질을 먼저 떠올려야 해요. 우리가 결정짓고 책임지고, 해결한 일을 스스로 한 일이 얼마나 될지를 떠올려 보면, 그게 내 브랜드가 된다고 봐요. 지금까지 내가 해온 것 중 이룬 게 없다면, 그게 본인의 지금 체급이라고 느낄 수 있어요. 부족하다고 느낄 수 있겠죠. 하지만 내가 또한 잘해온 것들을 떠올려 보면, 내 체급과 종목에서 챔피언이 될 수 있어요.

슈퍼맨이 아니라 챔피언으로 확장하라

많은 이들이 긴 직장생활 뒤에도 승진이나 인정을 받지 못하며, 경험을 버리려고 해요. 하지만, 거기서 자신이 잘한 것만 가져오도록 하라고 조언하죠. 예를 들어, 우경하 사장(83기)의 성공이 최덕분 사장(86기)의 성공으로 이어진답니다. 우리가 각자의 기능을 발휘할 때, 독점적인 슈퍼맨이 아니라, 협력하는 챔피언이 되어 새로운 도전이 가능해요. 체급과 종목이 다르더라도, 같은 경험을 나눈다면 어떨까요. 특히 어려움을 극복한 경험은요? 서로 소통할 수 있는 기반이 되죠. 이런 질문을 통해 구체적인 목표를 설정하게 되면, 성공 가능성을 높이고 성장할 수 있어요.

또한 그를 이루기 위해서는 자신감이 중요하죠. 내가 체급을 결정하고 종목을 정했다면, 챔피언이 됐다고 생각하며 그에 맞는 행동과 결정을 해야 해요. 또한 제 꿈은 월 천만 원을 벌고 1만 명의 1인 기업을 만드는 것이며, 이를 지금부터 행동으로 옮길 거예요. 1인 기업을 만드는 사람으로서 행동하는 거죠. 제가 어떤 결과를 만들어 가든지, 이는 스스로가 길을 만드는 과정이라고 생각합니다.

03
내 가슴을 뛰게 하는
나만의 핵심 질문

| 1인 기업의 핵심 질문: 나의 정체성과 목표는 무엇인가?

　1인 기업을 성공적으로 운영하기 위해 가장 먼저 던져야 할 질문은 "나는 누구인가?"입니다. 자신의 정체성과 가치를 파악하는 것은 비즈니스의 방향을 설정하는 첫걸음입니다. 이어서 "어디로 갈 것인가?"라는 질문을 통해 자신이 이루고자 하는 목표를 명확히 하는 것이 중요합니다. 이 질문은 단순히 금전적 성공이 아니라, 나의 가치와 비전에 부합하는 성장을 추구하는 방향을 제시합니다. 또 다른 핵심 질문으로는 "무엇을 얻고, 무엇을 버릴 것인가?"가 있습니다. 과정에서 배우는 소중한 교훈과 성장의 기회를 잊지 말고, 필요하지 않은 부분은 과감히 버리는 용기가 필요합니다.

▍기술과 관계를 통한 성과 창출

1인 기업은 자신의 기술과 역량을 기반으로 성과를 창출하는 데 집중해야 합니다. 이를 위해 "나의 기술은 무엇이고, 이를 어떻게 적용할 것인가?"라는 질문을 던져야 합니다. 자신의 전문성을 파악하고 이를 반복적으로 적용하며 발전시킬 때, 비로소 성과를 얻을 수 있습니다. 또한, "고객과 어떻게 관계를 형성하고 그들의 기대에 부응할 것인가?"라는 질문도 중요합니다. 고객에게 긍정적인 영향을 미치고, 그들과의 관계를 통해 배운 것을 활용하여 비즈니스를 성장시키는 것이 핵심입니다.

▍끊임없는 도전과 네트워킹의 중요성

1인 기업가로서 지속적인 성장을 위해 던져야 할 질문 중 하나는 "어떤 도전을 통해 나의 사업을 확장할 것인가?"입니다. 이 질문을 통해 새로운 기회를 모색하고, 더 나은 방향으로 나아갈 수 있는 전략을 수립할 수 있습니다. 또한, "어떻게 네트워킹을 활용하여 나의 비즈니스를 성장시킬 것인가?"라는 질문은 자신의 사업을 더 넓은 범위로 확장하는 데 도움을 줍니다. 다른 기업가들과의 만남, 지식 공유, 그리고 관계 형성을 통해 다양한 인사이트를 얻고 이를 사업에 적용하는 것이 중요합니다.

▌끊임없는 학습과 성찰의 힘

이러한 성장을 이루기 위해서는 꾸준한 학습과 성찰이 필요합니다. 단순히 수익을 올리는 것이 아니라 자신의 역할과 목적을 재정립하고, 관계를 형성하며 지속적으로 발전해 나가는 과정이 중요합니다. 경영과 사업 성공을 위한 목표 설정, 그리고 이를 통해 얻는 경험과 지식은 개인의 성장을 촉진하고, 인생에 있어서 진정한 성공과 행복을 가져다줄 것입니다.

04
가진 것도 잘하는 것도 없어요

> 정년을 앞둔 요즘 부쩍 우울합니다. 남들은 은퇴 후가 진정한 삶의 시작이라고 말하는데, 미래를 생각하면 아직도 눈앞이 막막하고 두려움이 가시질 않습니다. 저에겐 가진 게 아무것도 없습니다. 앞만 보고 달리느라 이뤄놓은 것도 없고, 딱히 잘하는 것도 없습니다. 이대로 아무 쓸모도 없는 사람이 되어 수명이 다하기만을 기다려야 하나 생각하면 고개가 푹 떨궈집니다. 저는 어떻게 해야 할까요?

그런 생각을 거듭할수록 우울해지는 것은 당연한 일입니다. 남들과 비교하느라 나를 더 몰아넣게 되고, 할 수 있는 일도 못 하게 되죠. 남들이 다 그렇게 한다고 해서 무리한 시도를 감행할 필요는 없습니다. 하지만 버려야 할 건 버리고 바꿔야 할 건 바꾸는 과정이 필요하겠죠. 나는 정말 가진 것도 잘하는 것도 없다고 생각하시는 여러분, 세 가지를 말씀드리겠습니다.

▎주관적·객관적 관점으로 자기분석을 하라

　남과의 비교로 괴로워지는 이유는 자기 자신을 모르기 때문입니다. 그러니까 여러분 자신을 주관적·객관적으로 평가하는 과정이 필요합니다. 제가 이렇게 말씀드리면 어떤 분들은 이렇게 물어옵니다. "지금까지 안 하다가 이제 와서 그러는 게 의미가 있습니까?" 물론 의미가 있습니다. 지금까지 살았던 나를 아는 건 굉장히 중요합니다. 그건 발명이 아니라 발견입니다. 메이킹(making)이 아닌 파인딩(finding)을 하는 겁니다.

　남보다 가진 게 없다고 느끼는 마음은 사실 자존심의 문제입니다. 살면서 하등 필요하지 않은 게 바로 그런 자존심이죠. 아무리 좋은 것을 갖고 있어도 자존심을 버리지 못하면 남과 비교해서 이길 수가 없습니다. 자신이 가진 것에 만족할 수 있는 자존감이 우리에겐 필요합니다. 충분한 자기분석을 통해 나의 강점을 알게 될 때 자존감은 따라오게 되어있습니다.

▎자원보다는 도구에 집중하라

　여러분들은 지금까지 어떤 방법으로 살아오셨습니까? 삽질을 하며 살았습니까, 포크레인으로 살았습니까? 여러분이 살면서 성장을 했다고 느꼈을 때는 언제입니까? 그런 경험을 도구화해서 여러분 자신을 통제할 수 있도록 만들어야 합니다.

여러분이 살면서 어떤 문제를 해결하는 방법을 터득하잖아요? 그 공식을 가지고 어떤 일을 해도 성공하게 되어있어요. 그건 우리가 가진 자원, 강점이나 환경 같은 조건의 문제가 아니고 도구의 문제예요. 내가 어떤 방법으로 했느냐를 찾는 거예요. 기업을 경영하는 원리도 이와 마찬가지입니다. 가지고 있는 자원이 많다고 해서 유리하기만 한 건 아니거든요. 가진 것 중에서도 포기할 건 포기하고 방법에 대해서 궁리를 해야죠.

보편적인 것에서 경쟁력을 찾아라

남들과 비교하는 것은 이제 그만두세요. 남들에겐 특별한 무언가가 있는데 왜 나에겐 없는지, 백날 한탄해 봤자 뭐 하겠어요? 남에게 있는 것이 내게 지금 없는 이유는 남이 이룬 시점에 내가 그것을 안 했기 때문이죠. 말하자면 과거의 문제예요. 연연해 봤자 소용이 없어요.

대신 조금 다른 시점에서 생각해 보는 것은 어떨까요? 남에게도 있고 나에게도 있는 보편적인 가치인데 아무도 개발하지 않는 게 있잖아요. 예를 들면 시간을 관리하는 건 어때요? 중요하지만 모두가 잘 못하는 거잖아요. 아니면 지식을 관리하는 건요? 관계나 성과를 관리하는 건요? 이런 것들을 한마디로 자기관리라고 하거든요. 어떻게 보면 아주 기본적인 것이지만 내게 좋은 경쟁력이 될 수도 있다는 거예요.

❶ 주관적·객관적인 자기분석을 하라
❷ 자원보다는 도구에 집중하라
❸ 보편적인 것에서 경쟁력을 찾아라

05
현실이 원래 제 꿈과 완전 달라요

> 최근 들어 직장 일이 잘 풀리지 않아, 종종 멍해지는 와중에 문득 이런 생각이 들더군요.
> '내 원래 꿈은 이게 아니었는데? 어쩌다 지친 회사원으로 살게 됐지?'
> 꿈이니, 뭐니, 다 철없는 시절 가졌던 소망이라지만, 그래도 한때는 이룰 수 있을 거라고 믿었던 이상과 초라한 현실 간의 간극을 깨달을 때마다 어쩔 수 없이 기분이 우울해집니다. 제가 이 꿈을 잊고 싶은 건지, 아니면 현실을 바꾸고 싶은 건지도 지금은 잘 모르겠습니다. 제가 어떻게 해야 하는 걸까요?

오랜 꿈을 이루었다는 말만큼 근사한 말이 있을까요? 하지만 그 근사함에 속아 먼 길을 헤맬 필요는 없다고 사연자님께 말씀드리고 싶습니다. 오늘은 꿈과 현실 사이의 간극에서 갈등하고 계신 여러분들을 위해 함께 이야기를 나누는 시간을 가져볼까 합니다.

▎과거의 꿈을 좇지 마라

'원래의 꿈'이라는 건 과거에 꾸었던 꿈을 말하죠. 꿈의 원천은 경험입니다. 어떤 새로운 경험을 통해 내가 가고 싶은 미래를 발견하고, 그 미래를 떠올릴 때마다 가슴이 두근거리게 된 거죠. 사연자님께선 지금도 그 꿈을 찾는 과정에 계신 것일 수도 있습니다. 다만 제가 말씀드리고 싶은 건, 그 '경험'이라는 것이 아주 좁은 바운더리 안에서 마주하게 된 소소한 사건일 수도 있다는 겁니다. 추억의 감정에 사로잡혀 과거의 꿈을 무리하게 좇아갈 필요는 없다는 거죠.

▎새로운 경험에서 새로운 꿈을 찾아라

아까 제가 꿈의 원천은 경험이라고 했습니다. 아이들의 예시를 봐도 그렇죠. 학교에 다니며 본 사람들이 선생님, 혹은 TV 속의 연예인밖에 없으니 대부분이 선생님 아니면 연예인이 되는 꿈을 꿉니다. 그런데 그렇게 과거에 꾸었던 꿈은 현재에는 없어진 직업일 수도 있고, 앞으로 없어질 직업일 수도 있습니다. 한번 가졌던 꿈을 반드시 이뤄야 한다고 생각하는 것도 하나의 고정관념일 수 있다는 거죠.

어떤 회사가 망할 때를 보면요, 예전에 하고자 했던 숙원 사업을 했을 때 망하더랍니다. 왜냐하면 그건 전대의 창업자가 꾸었던 꿈이거든요. 그 시대의, 과거의 꿈을 이제 와서 이루려고 한다는 건 말이 안 되는 일이에요. 현재를 살아가는 우리는 현재에 걸맞은 더 큰 꿈을 꿔야죠. 그래서 꿈이 바뀐다는 건 지극히 자연스러운 일이라고 생각합니다. 우리는 미래를 향해 걷는 인간이니까, 언제나 새로운 경험 속에서 새로운 미래를 찾아야겠죠.

▎세상의 요구와 들어맞게 욕구하라

관건은 어떤 꿈을 꾸겠냐는 겁니다. 많은 사람들이 꿈을 그저 욕구의 차원에만 둡니다. 가고 싶은 길을 정했다는 것에 의미를 두고, 먼저 길을 찾은 사람들을 부러워하죠. 하지만 저는 생각이 좀 다릅니다. 인생의 진로라는 걸 그렇게 일찍 정할 필요가 있을까요? 길이라는 건 살아가면서 찾아가는 것 아닌가요? 내 안의 욕구를 들여다보는 것도 물론 중요하지만, 그 욕구가 세상의 요구와도 맞아떨어져야 의미가 있는 꿈이 만들어진다는 겁니다.

제가 강의를 할 때 가장 강조하는 부분도 그런 겁니다. 연구개발을 할 때도 나 혼자만이 원하는 프로젝트는 어떤 투자도 받지 못한다고요. 내가 아닌 다른 누군가에게 필요한 그런 일을 꿈꿀 때, 비로소 꿈과 현실이 들어맞는 순간이 찾아오지 않을까 하고 생각합니다.

❶ 과거의 꿈을 좇지 마라
❷ 새로운 경험에서 새로운 꿈을 찾아라
❸ 세상의 요구와 들어맞게 욕구하라

과거에 꾸었던 꿈에도 나름의 의미가 있습니다. 하지만 꿈을 이뤄야 한다는 강박에 사로잡혀 과거에 매몰되어서는 결코 만족스러운 결과를 내기 어려우실 겁니다. 여러분이 보다 새로운 꿈을 꿀 수 있는 경험에 도전하기를 바랍니다.

06
자존감과 자신감이 부족해요

> 결혼 후 퇴사하게 된 지도 10년 차, 슬슬 사회에 복귀할 준비를 하고 있지만 제 마음은 전처럼 열정적이지 못합니다. 그간의 저는 그저 집에만 머무르고 있었습니다. 제가 이토록 뒤처지고 있는 동안 남들은 저 멀리 앞서가 버렸다고 생각하니 저에게는 가망이 없는 것 같고, 그간 아무것도 이뤄내지 못한 나 자신이 가치 없는 사람처럼 느껴집니다. 이렇게 움츠러들어 버린 제가 무엇부터 시작해야 하는지 도통 알 수가 없습니다.

여러분은 여러분 자신이 아무것도 아닌 존재 같다고 느꼈던 적이 있나요? 혹은 기대 이하의 성과를 낼까 봐 지레 주눅 들어 본 적이 있나요? 여러분을 한 번쯤은 힘들게 했을 자존감과 자신감에 대한 이야기를 오늘 함께 나눠보려고 합니다.

나의 가치를 스스로 결정하라

자존감을 지키기 위해선 나 자신을 알아야 합니다. 자신을 안다는 건 예컨대 나의 존재 의미를 알고, 내가 어떤 상황에서도 추구하고자 애쓰는 가치를 아는 겁니다. 그리고 그것은 남들과 비교할 수 없는 것이어야 합니다. 꼭 남들보다 돈을 많이 벌어야 가치 있는 사람인가요? 꼭 남들보다 좋은 회사에 들어가야만 성공한 인생인가요? 그건 아니라고 생각합니다. 내가 누구인지는 내가 결정해야죠. 그걸 못하면 다른 사람들이 나를 결정하게 됩니다. 얼마나 슬픈 일인가요?

제가 이런 말씀을 드리면, 그럼에도 남의 시선을 신경 쓰지 않을 수 없다고 하시는 분들이 종종 계십니다. 말하자면 그분들껜 자존심을 버리지 못한 겁니다. 그런데 말이죠, 우리가 얻고자 애쓰는 이 자존감의 반대말이 바로 자존심입니다. 자존심이 떨어지면 자존감이 올라가고, 자존감이 떨어지면 자존심이 올라가게 되어있죠.

여러분, 물을 한 번 떠올려 보세요. 물이라는 건 컵에 따르면 컵의 형태로 변하고 병에 따르면 병의 형태로 변합니다. 그런데 얼음은 어떤가요? 얼음은 컵이나 병의 형태에 맞춰서 따를 수 없습니다. 무조건 깨뜨려야만 하죠. 이런 게 바로 자존심입니다. 자존심으로 할 수 있는 일은 아무것도 없습니다. 그러니 하루빨리 자존심을 쓰레기통으로 보내주도록 합시다.

▎과거에서 강점을 찾아라

두 번째는 자신감입니다. 자신감은 곧 자신의 강점을 아는 마음에서 나오죠. 그 강점을 발견하기 위해선 과거의 데이터가 필요합니다. 과거의 내가 어떤 행동을 했는지, 그것이 어떤 결과를 만들었는지 나열을 해보는 거죠. 그런 에피소드를 돌아보던 가운데 '이런 건 내가 정말 잘했던 것 같아' 하는 생각이 들면 왜 자신감이 생기지 않겠습니까?

물론 그 강점만을 가지고 평생을 살 수는 없겠죠. 그러니까 자신의 강점을 개발해야 합니다. 남들에겐 없는 훌륭한 강점이 있는 사람을 학력이나 직장의 수준으로 판단해 버리면 어떻게 자신감이 생기겠습니까? 그건 부모라고 할지라도 자식을 죽이는 행위밖엔 안 됩니다.

▎자존감과 자신감을 삶에 적용하라

자존감과 자신감을 점검했다면, 세 번째, 이제 삶에 적용할 차례입니다. 남과 비교하는 것을 그만두고 내가 지켜야 할 원칙과 가치, 비전이 무엇인지를 스스로 생각하는 겁니다. 그 자존감과 자신감을 가지고 5년 뒤에 어떤 사람이 되고 싶은지를 정하는 겁니다. 그걸 정하게 되면 내가 해야 할 일에 최선을 다하는 방법을 알게 됩니다.

❶ 나의 가치를 스스로 결정하라
❷ 과거에서 강점을 찾아라
❸ 자존감과 자신감을 삶에 적용하라

사람들이 참 오해하는 게 많습니다. 누군가를 꼭 이겨야 하고, 1등을 하지 않으면 죽는 줄 알죠. 하지만 삶은 그렇게 경쟁으로만 결정할 수 있는 영역이 아닙니다. 남들이 정해진 틀에서 빠져나와 진정한 여러분의 자아를 찾아야 할 때입니다.

07
열정이 떨어지고
자꾸 미루게 되네요

> 처음 이 일을 시작했을 땐 열정으로 충만한 상태였습니다. 아주 적극적으로 경험하려 했고, 공부했고, 또 스스로 고민하며 많은 발전을 이뤄냈었죠. 몸은 힘들었지만 행복했던 때였습니다.
> 지금의 저로 말하자면, 글쎄요. 행복과는 동떨어져 있다고 생각하지만 중요한 것은 그게 아닙니다. 요즘 저는 열정이 많이 떨어진 상태입니다. 이 일을 대체 왜 해야 하는지 모르겠고, 마치 한 걸음 한 걸음을 억지로 내딛고 있는 듯한 기분입니다. 마음속에서부터 내키지를 않으니 해야 할 일을 차일피일 미루는 건 예사고요. 대체 제가 어쩌다가 이렇게 됐는지 알 수가 없습니다. 이 일에서 마음이 아주 떠나게 된 걸까요?

요즘 들어 자꾸 열정이 떨어지시나요? 해야 할 일을 자꾸 미루게 되시나요? 열정이 떨어졌다고 해서 여러분의 마음까지 그 일을 떠난 것은 아닐 겁니다. 조금 미룬다고 해서 실패하는 것도 아니고요. 다만 이 두 가지 증상엔 분명한 원인이 있습니다. 비슷한 고민을 겪고 계신다면 오늘의 이야기를 유심히 살펴보시길 바랍니다.

남과 비교하지 마라

　열정이 떨어지고 일을 미루는 당신은 아마도 일을 너무 잘하고 싶은 겁니다. 잘하고 싶은 욕심이 과도하다 보니 자꾸만 괴로운 생각이 드는 거죠. '완벽하게 하고 싶은데 왜 그게 안 되는 걸까' '내가 이렇게 애를 쓰는데 왜 저 사람을 뛰어넘지 못하는 걸까', 그렇게 자신을 옭아매고 남과 비교하기를 일삼으면 사람은 에너지가 방전됩니다. 방전이 되니 열정이 떨어지고, 열정이 떨어지니 그 일을 자꾸 미루게 되는 거지요.
　잘하고 싶은 마음을 갖는 것은 좋습니다. 문제는 그런 욕심으로 남과 자신을 비교할 때 생겨납니다. 하지만 우리가 그 사람을 이기려고 사업을 하는 건 아니지 않습니까? 오로지 그 사람을 이기기 위해서 도전하는 게 아니지 않습니까? 내 욕심이 잘못된 목적을 만든 것은 아닌지, 한 번쯤 점검해 볼 필요가 있습니다.

▮ 본질에 집중하면 흔들리지 않는다

사람이 게을러지는 근본적인 이유는 자신의 본질을 잃었기 때문입니다. 물론 사람이기 때문에 이따금 본질을 잃고 흔들릴 수도 있습니다. 그렇기에 의식적으로 본질에 집중하려는 노력이 필요하겠죠. 예컨대 스스로에게 이런 질문을 던지는 겁니다.

"나는 왜 이 일을 시작했을까?"

저도 이 일에 뛰어든 지 어느덧 20년이 넘었지만, 아직도 제가 왜 이 일을 시작하게 된 건지를 생각하곤 합니다. 이 일을 시작하기 전의 나는 누구였는지, 이 일을 통해 내가 얻은 가치는 무엇인지, 이 일을 통해 더 얻고자 하는 것은 또 무엇인지. 그런 것이 명확하면 더 이상 무엇에도 흔들리지 않게 됩니다.

여러분은 어떻습니까? 여러분의 본질은 어디 있습니까?

▮ 작은 성취를 만들며 즐겁게 가라

그렇다면 대체 어떻게 해야 열정을 잃지 않고 일을 할 수 있을까요? 답은 간단합니다. 성취를 만들어 내면 됩니다. 지긋한 노력을 거친 거창한 성취를 이르는 것이 아닙니다. 1시간, 혹은 10분, 아주 조금의 시간일지라도 온전히 집중해서 작은 성과를 만들다 보면 여러분은 필시 즐거워질 것입니다. 그 즐거움이 여러분의 열정을 깨우지 않겠습니까? 그 즐거움이 여러분이 해야 할 일을 미루지 않게 하지 않겠습니까? 꼭 그렇게 가는 겁니다.

❶ 남과 비교하지 마라
❷ 본질에 집중하면 흔들리지 않는다
❸ 작은 성취를 만들며 즐겁게 가라

 일을 잘하는 것보다 중요한 건 그 일을 즐겁고 행복하게 하는 겁니다. 그 일의 결과만을 가지고 내가 꾸려온 과정을 판단해서는 안 됩니다. 내 과정은 나의 일이지만 결과는 이미 내 손에서 벗어난 영역이기 때문이죠. 그러니 여러분, 남과 비교하지 마시고, 여러분만의 본질을 찾고, 여러분께 내재한 열정을 깨워 행복하게 가시길 바랍니다.

08
행복하게 일하고 싶어요

> 중견 기업에서 4년째 근무 중인 직장인입니다. 비교적 안정된 직장 생활을 하고 있지만, 몇 개월 전부터 일을 할 때 제가 조금도 행복하지 않다는 것을 깨달았습니다. 성과를 내거나 상사에게 인정을 받을 때 물론 뿌듯함을 느낍니다. 그러나 그런 만족도 잠시뿐이고, 일과 생활 전반을 돌아봤을 때 저는 대체로 즐겁지가 않습니다. 왜 이 일을 해야 하는지도 모르겠고, 당장 월급을 주니 기계처럼 일만 하고 있는 기분입니다. 좀 더 제게 맞는 일을 찾으면 행복해질까요? 어떻게 해야 할지 모르겠습니다.

우리가 원하는 건 행복한 일을 찾는 걸까요, 아니면 행복하게 일하는 걸까요? 사연자님의 경우 행복한 일을 찾고 싶어 하시는 것 같은데, 사실 절대적으로 행복한 일이라는 건 없습니다. 같은 일을 해도 사람마다 받아들이는 바가 다르기 때문이죠.

행복의 기준을 내면에 두어라

많은 사람들이 행복의 기준을 외부에 둡니다. 타인의 인정에 지나치게 집착하며 그것을 '에너지'라 이르죠. 서로 긍정적인 교류를 주고받는 것은 물론 좋은 일이지만, 그들에게 나를 칭찬해 줘야 하는 의무가 있는 건 아닙니다. 타인의 인정을 받지 못한다고 해서 불행할 일도 아니죠. 외부의 자극에 흔들리지 않는 나만의 기준을 가지는 것이 무엇보다 중요합니다.

제가 대학생 때 아르바이트를 가리지 않고 많이 해봤습니다. 그중 한 번은 여성 속옷을 판 적이 있는데, 그때 제가 뼈에 와 닿도록 느낀 점이 하나 있습니다. 웃으면서, 행복하게 팔아야 한다는 거죠. 여성 속옷을 판다고 해서 제가 무안한 태도를 보이면 손님들도 무안해집니다. 제가 아무렇지 않게 즐겁게 팔아야 그 행복한 에너지에 손님들이 이끌리더라는 겁니다. 제가 만약 행복의 기준을 외면에 두었다면 그 일을 하며 결코 행복해질 수 없었겠지요.

결과보다 과정에 집중하라

저는 행복한 일의 과정을 농부가 뿌리는 씨앗에 비교합니다. 여러분도 아시다시피, 농부가 심은 모든 씨앗이 다 열매를 볼 수는 없습니다. 그럼에도 농부는 열매의 꿈을 꾸며 씨앗을 뿌리죠.

그렇게 하면 결과와는 상관없이 실력과 기술이 축적되곤 합니다. 여러분이 하는 일도 그렇습니다. 모든 결과가 과정을 대변해주지는 않습니다. 하나하나의 결과보다는 과정에 집중해야 좀 더 단단하게 뿌리를 내릴 수 있죠.

앞서 여성 속옷을 팔았던 경험을 말씀드렸는데요, 저도 처음에는 이걸 어떻게 팔아야 할지 정말 난감했습니다. 그런데 일을 반복하며 시행착오를 거치다 보니 나름의 요령이 생기더라고요. 누가 가르쳐주지 않았는데도 저만의 기술이 생기고 자신감이 붙었어요. 그때 저는 눈앞의 결과에 조금도 연연하지 않았어요. 그 대신 저만의 원칙을 지키면서 일에 성실히 임하려고 했죠. 좋은 성과는 자연스럽게 따라왔어요. 그렇지만 제가 그때의 일로 얻은 가장 소중한 가치는 여전히 결과에 있다고 생각합니다.

일과 삶의 목적을 연결하라

행복하게 일하기 위해선 일과 삶을 연결하는 게 중요합니다. 많은 분이 일보다 삶이 더 중요하다고 말씀하시는데, 그 어떤 삶도 일없이 행복할 수는 없습니다. 일과 삶은 결국 같은 목적을 공유하는 하나의 개념입니다. 중요한 건 '누구를 위해서 그 일을 하느냐'입니다. 여러분이 여러분 자신을 위해서만 일한다면 그 일을 통해 행복해지기란 힘든 일일 것입니다. 그렇다면 남을 위해서 일해야 하는 거냐고요? 네, 맞습니다.

우리가 레스토랑에서 행복해질 수 있는 이유는 우리를 위해 서비스를 제공해 주는 사람들 덕분이 아닙니까? 그들이 자기 자신을 위해서가 아닌 고객을 위한 일을 했기 때문 아닙니까? 돈만 보고 일하는 것의 문제는 내가 너무 힘들어진다는 겁니다. 일의 목적을 고객에게 두고, 그들에게 행복을 준다고 생각해야 나도 행복하게 일할 수 있는 겁니다.

❶ 행복의 기준을 내면에 두어라
❷ 결과보다 과정에 집중하라
❸ 일과 삶의 목적을 연결하라

일을 할 때 행복하지 못한 이유는 그 원인을 밖에 두기 때문입니다. 이제부턴 여러분의 내면에 모든 기준을 두고 나아가시는 것이 어떨까 생각합니다.

09

목표를 이루는 3가지 실행 전략

> 최근에 좋은 강의를 듣게 되어, 완전히 새로운 목표가 생겼습니다. 그 강의를 해주신 강사님처럼 되고 싶다는 목표인데요. 아직은 막연한 이 목표를 이루기 위해서 어떤 실행을 어떻게 해야 하는지 궁금합니다.

목표가 너무 멀거나 구체적이지 못하면 머릿속에서만 머물 뿐 실천으로 옮기기가 힘들어집니다. 목표가 있다는 건 물론 중요한 일이지만, 목표를 성취하는 데 사용하는 스킬이 있다면 더욱 좋겠죠. 간단한 세 가지 방법을 소개해 드리려고 합니다.

▎목표를 이룬 사람처럼 살아라

목표를 이루어서 성공한 사람이 되는 것과 목표를 이루기 위해 성공한 사람처럼 사는 것. 어느 쪽이 더 중요할까요? 대부분은 보통 '되는 것'만을 원합니다. 부자가 되고 싶고, 사장님이 되고 싶죠. 그런 목표 자체가 나쁘다는 건 아닙니다. 문제는 그들이 부자나 사장님처럼 살려고 하지 않는다는 겁니다. '사는 것'을 포기하고 '되는 것'만을 따라가다 보면 우울증에 빠질 수밖에 없습니다. 좌절하게 되니까요. 그 좌절의 원인을 운에 두게 되니까요.

목표를 향해 달려가는 동안은 지금의 나로만 있어서는 안 됩니다. 부자가 되고 싶다면 부자처럼, 사장님이 되고 싶다면 사장님처럼 살아야 합니다. 그들이 남겨둔 데이터가 많이 있지 않습니까? 그 삶을 내 삶에 적용하는 겁니다. 딱 한 달만. 한 달도 어려우면 일주일만. 일주일도 어려우면 3일만. 3일도 안 되겠으면 당장 오늘부터라도. 허들을 하나씩 넘기는 것처럼 차근차근 나아가세요.

총론보다 각론이 중요하다

큰 돌산을 오르는 가장 좋은 방법은 그 돌들을 깨서 계단으로 만들어 하나씩 타고 올라가는 겁니다. 그게 안 되면 본인은 그저 '꿈만 있는 사람'일 뿐, 그 꿈을 이룰 방법은 전혀 알지 못하는 것이 됩니다.

그래서 사업을 할 때 아이템만 보고 다니지 말고 작은 도전을 일삼는 경험을 해보라고 합니다. 그런 경험이 쌓이면 쌓일수록 자신감이 올라가거든요. 단순히 '난 잘해'라는 자기 세뇌로는 자신감을 쌓기가 어렵습니다.

▍목표 중심으로 체크리스트를 작성하라

자신감을 만드는 그 작은 경험들을 우리 1인 기업 과정에선 체크리스트로 관리하고 있습니다. 'O or X'의 양식으로, 됐는지 안 됐는지를 확인하죠. 목표에 대한 간절함도 물론 필요하지만, 목표가 멀리 있으면 간절함만으로는 성취가 어려워집니다. 그렇다면 그 큰 목표를 눈앞으로 당겨오세요. 3년 후의 목표가 아닌 당장 오늘의 목표를 두고 집중해 보세요. '오늘 몇 시까지 어떤 일을 얼마나 하셨습니까?'라고 스스로에게 묻는 거예요.

결과는 통제할 수 없습니다. 하지만 내 행동은 통제할 수 있죠. 내가 매일 해야 할 일들이 루틴처럼 돌아갈 때 목표를 성취할 수 있는 역량이 높아지게 되어있습니다. 우리는 그것을 두 글자로 '실력'이라고 합니다. 마냥 바라만 본다고 목표를 이룰 수 있는 건 아니라는 거죠.

❶ 목표를 이룬 사람처럼 살아라
❷ 총론보다 각론이 중요하다
❸ 목표 중심으로 체크리스트를 작성하라

그 목표를 이루기 위해 여러분이 오늘, 지금, 여기서 당장 해야 하는 일은 무엇인가요? 그것을 잘 고민해 보시길 바랍니다.

마음이 계속 흔들립니다 어떻게 잡을까요

> 요즘 들어 부쩍 마음이 싱숭생숭합니다. 이랬다가 저랬다가 어떻게 해야 할지 도저히 갈피를 잡을 수 없는데요. 내면이 언제나 안절부절하다 보니 본업에도 집중을 못하겠고, 쉴 때도 쉬는 것 같지가 않습니다. 흔들리는 마음을 이제는 좀 잡고 싶습니다.

마음은 원래 흔들립니다. 무언가 시작하려고 할 때 특히 그렇죠. '내가 지금 하려는 게 맞나?' '정말 잘할 수 있을까?' '또 다른 길이 있지 않을까?' 하는 회의가 들거든요. 어떻게 하면 마음을 다잡을 수 있을까요?

말로 내뱉기를 삼가라

사람의 마음은 원래 바람에 나는 겨 같아요. 그러니까 마음이 흔들리는 건 나를 둘러싼 환경 때문이죠. 여러분의 주변에도 꼭 '그거 해서 되겠니?' '내가 해보니까 별로던데, 그거 말고 다른 걸 해보는 건 어떻니?' 하고 참견을 하시는 분들이 계실 거예요. 자신에게 더 많은 경험이 있다는 이유로, 혹은 여러분을 사랑한다는 이유로 계속 가스라이팅을 시도하겠죠. 그러면 나는 마음이 흔들릴 거고요, 뭔가 해도 한 것 같지가 않을 거고요, 계속 불안할 거예요.

하지만 여러분, 마음은 원래 흔들리는 거예요. 중요한 건 마음이 흔들릴 때 자책하지 않는 거예요. '내가 뭐라고…' 결론을 내리지 않는 거예요. 또 하나는 말을 삼가는 거예요. 예컨대, 여러분의 주변 사람들에게 내가 가진 흔들리는 마음을 보여주지 마세요. 그들이 '그렇구나' 이해만 해준다면 참 좋겠지만, 무언가 조언을 해주는 순간부터 내가 흔들리게 되어있거든요. 무엇보다 '마음이 흔들린다'라고 육성으로 말하면, 그 말을 가장 먼저 듣게 되는 건 내 뇌예요. 그 작은 말이 나의 뇌에게 '흔들려'라고 명령하게 만드는 거죠. 그러니까 무엇도 단정 지어서는 안 돼요.

글로 생각을 정리하라

마음이 흔들린다면, 그 흔들리는 마음을 기록해 보세요.
"어떤 일을 하려고 하는데 어떤 마음이 들어서 힘들다."
솔직하게 글로 표현해 보는 거예요. 마음이 흔들린다는 건 사실 기준도 없고 굉장히 추상적인 개념입니다. 하지만 무언가를 글로 옮긴다는 건 굉장히 정량적이죠. 한눈에 들어오거든요. 내가 무엇 때문에 어떻게 흔들리고 있는지가 눈에 보이면 마음을 다잡기도 쉬워집니다. 덧붙여, 생각할 때도 글을 쓰면서 생각해보세요.

흔들릴 때 결정하지 마라

가장 중요한 건데요, 마음이 흔들릴 땐 어떤 결정도 해선 안 됩니다. 여러분의 대답을 원하는 그 사람에게 '생각을 해보겠습니다'라고 말하는 게 첫 번째가 되어야 합니다. 그렇게 생각해보겠다고 이야기했는데도 불구하고 '지금 하지 않으면 안 된다'라고 독촉을 한다면 그 사람은 분명 조급해하고 있는 겁니다. 그런 말에 불안해하며 휩쓸리지 마시고 의심을 먼저 해보셔야 합니다.

무언가 갈등하고 있는데 마음이 너무 복잡하다면, 1주일 정도 아무것도 하지 말고 푹 쉬어보는 것도 좋습니다. 한 차례 백지화를 시키는 거죠. 그렇게 마음이 차분해졌을 때 다시 생각을 정리해도 늦지 않습니다. 세상 어디에도 억지로 할 수 있는 일은 없거든요. 그러니까 여러분의 마음을 중요하게 여기시고, 외부의 압박에 흔들리지 마시고, A부터 차근차근 정리하세요. 그리고 신중하게 결정하는 겁니다.

❶ 말로 내뱉기를 삼가라
❷ 글로 생각을 정리하라
❸ 흔들릴 때 결정하지 마라

마음이 흔들릴 때 다잡는 방법에 대해 말씀드렸는데요. 그럼에도 여러분의 마음이 너무 복잡하다면, 멘토를 만나 차 한 잔 마시면서 이야기하는 시간을 갖는 것도 좋은 선택이라고 생각합니다. 어떤 방법을 선택하든, 초조해하지만 않으면 됩니다.

11

인생을 깨우는 낱두독서 습관
- 인생MBA 워크샵

정찬근 대표님(36기)은 36년간의 교육 경력을 쌓아온 전문가로, 현재 '낱두독서 습관' 멘토로 활동하고 있습니다. 1988년 처음 강단에 선 그는 그동안 수많은 사람들에게 학습과 자기 계발의 중요성을 가르쳐 왔습니다. 특히 그는 독서 습관을 통해 사람들이 자신의 삶을 변화시킬 수 있다는 신념을 가지고, '낱두독서 습관'이라는 독서 방법을 제시하였습니다. 이 습관은 단순히 책을 읽는 것을 넘어, 하루에 두 페이지씩 꾸준히 읽음으로써 사람들의 인생에 긍정적인 변화를 불러올 수 있는 실천적이고 지속 가능한 방법입니다.

정찬근 대표님은 교육자로서의 풍부한 경험을 바탕으로, 학습과 실천을 결합한 독서법을 개발하였고, 이를 통해 수많은 사람들에게 자기 계발과 성장의 길을 열어주었습니다. 또한 그는 독서 멘토로서, 자신의 경험과 지식을 바탕으로 독서가 삶의 변화를 이끌어낼 수 있는 도전적인 방법이 될 수 있다는 것을 실천적으로 보여주고 있습니다.

정찬근 대표님이 제시한 '낱두독서 습관'을 통해, 어떻게 지속 가능한 성장을 이끌어낼 수 있는지, 그리고 1인 기업이 얻을 수 있는 중요한 교훈에 대해 다루겠습니다.

▎하루 1분, 두 페이지의 힘, 지속 가능한 성장의 비결

비즈니스 환경에서 가장 중요한 자원은 시간입니다. 하지만 많은 사람들이 하루의 업무에 쫓기다 보면 학습에 시간을 할애하기 어렵습니다. 이럴 때 '낱두독서 습관'이 큰 도움이 됩니다. 하루 1분, 두 페이지라는 작은 습관은 비즈니스 성장에 필요한 지식과 통찰을 꾸준히 쌓는 데 이상적입니다.

이 습관의 가장 큰 장점은 누구나 부담 없이 시작할 수 있다는 점입니다. 바쁜 일정 속에서도 하루에 두 페이지씩만 읽으면 새로운 아이디어와 전략을 발견할 수 있습니다. 처음에는 작은 시작이지만 시간이 지남에 따라 독서량이 자연스럽게 늘어납니다. 꾸준히 얻은 지식은 비즈니스에 바로 적용할 수 있고, 새로운 아이디어나 개선점을 찾는 데 중요한 역할을 합니다. 하루 1분씩 투자하면 계속해서 변화하고 발전하는 경험을 할 수 있습니다.

▎적용과 실천을 통한 변화, 실행력의 중요성

독서에서 중요한 것은 단순히 지식을 습득하는 것이 아니니다. 그것을 실제로 어떻게 적용할 것인가가 핵심입니다. '적적' 이라는 독서법을 소개합니다. '적적'은 '적용'과 '적극적'의 합성어로, 책에서 얻은 지식을 이론에만 두지 않고 곧바로 업무나 생활에 적용하는 방법입니다. 이는 비즈니스에서 실행력을 기르는 데 중요한 역할을 합니다.

책에서 얻은 전략이나 아이디어를 바로 실험하고 그 효과를 실시간으로 측정하는 과정은 매우 중요합니다. 예를 들어, 마케팅 전략을 새롭게 배우고 이를 내 비즈니스에 적용해 본다면, 지식을 실제 상황에서 어떻게 활용할 수 있는지를 알게 됩니다. 이처럼 실천을 통해 얻은 경험은 비즈니스 성장에 중요한 자원이 됩니다. 책에서 배운 이론을 내 것으로 만들기 위해서는 반드시 실행이 필요합니다. 그렇기 때문에 '적적' 독서법은 비즈니스에서 성공적인 변화를 가능하게 합니다.

장기적인 목표 설정과 목표 달성, 비전을 향한 선택

저는 〈퓨처 셀프〉라는 책을 통해 미래의 자신을 구체적으로 상상하고, 그에 맞는 목표를 설정하는 방법을 강조합니다. 비즈니스에서도 마찬가지로 장기적인 비전과 목표 설정이 중요합니다. 목표가 명확해야 그것을 달성하기 위한 계획을 세우고 실천으로 옮길 수 있습니다.

목표를 설정할 때는 단기적인 성과보다 장기적인 성장과 발전을 우선해야 합니다. 목표 달성은 하루아침에 이루어지지 않습니다. 꾸준한 노력과 실천을 통해 차근차근 이뤄집니다.

'날두독서 습관'은 하루 두 페이지씩 책을 읽는 습관을 통해 장기적인 목표를 실현하는 데 중요한 역할을 합니다. 비전을 구체화하고 그것을 향해 나아가는 여정을 설명하면서, 독서가 어떻게 도움이 되는지를 보여줍니다. 독서를 통해 얻은 지식과 깨달음을 실천으로 옮기고, 지속적으로 개선하며 목표를 향해 나아가면 비전이 현실이 됩니다.

'날두독서 습관'을 통해 1인 기업이 얻을 수 있는 가장 큰 교훈은 지속적인 성장과 실천력입니다. 책에서 얻은 지식은 단순히 이론으로 머물러서는 안 됩니다. 그것을 곧바로 실천에 옮기고, 작은 변화라도 비즈니스에 적용하는 것이 중요합니다. 또한 독서를 통해 얻은 지식은 일상적인 업무 전략을 강화하고, 더 나아가 비즈니스 성장을 위한 기반을 다지는 데 중요한 역할을 합니다. 꾸준히 두 페이지씩 읽고 실천으로 이어가는 과정은 1인 기업에 매우 중요한 성공 요소가 됩니다.

12

성공적인 비즈니스 습관 만들기

비즈니스에서 성공을 거두기 위해서는 단기적인 전략뿐만 아니라 꾸준한 습관이 중요합니다. 사업을 시작할 때, 많은 사람들은 감성적으로 시작하지만, 성공적인 결과를 만들기 위해서는 지속 가능한 습관을 만들어 가야 합니다. 비즈니스 습관은 일상 속에서 무의식적으로 반복되는 행동들이며, 이러한 습관들이 축적되어 결국 성공을 가져다줍니다.

비즈니스 성공을 위한 5가지 습관에 대해 이야기하고자 합니다. 단순히 이론적인 것이 아니라, 실제로 성공적인 비즈니스 경영자들이 실천하고 있는 습관들이므로, 여러분도 생활에 적용해 보면 실질적인 변화를 느낄 수 있을 것입니다.

성과의 씨앗을 뿌리는 습관

비즈니스에서 성공은 씨앗을 뿌리는 것에서 시작됩니다. 씨앗을 땅에 뿌리고, 그것이 썩어서 뿌리를 내리고, 그 후에 열매를 맺기까지 시간이 걸립니다. 마찬가지로, 지금 내가 하고 있는 작은 노력들이 나중에 큰 성과로 이어진다는 것을 명심해야 합니다. 성공적인 비즈니스는 하루아침에 이루어지지 않으며, 꾸준히 작은 씨앗을 뿌리고 그것을 돌보며 결과를 기다리는 인내가 필요합니다. 공부 잘하는 학생과 그렇지 않은 학생의 차이는 매일 꾸준히 씨앗을 뿌리는 습관에 있습니다. 공부를 잘하는 학생은 수업이 끝난 후에도 오늘 배운 내용을 기록하고, 복습하는 습관을 기릅니다. 반면, 공부를 못하는 학생은 수업이 끝난 후 책을 덮고 아무것도 하지 않기 때문에 성적이 오르지 않는 것입니다. 비즈니스에서도 매일 작은 일을 지속적으로 실천하는 것이 중요합니다. 비즈니스는 벼락치기로 되는 일이 아니며, 꾸준히 작은 성과를 쌓아가는 과정임을 기억해야 합니다.

▌관계를 만드는 언어습관 만들기(긍정, 경청, 공감)

관계가 중요하다는 점은 누구나 알고 있습니다. 특히, 비즈니스에서 성공하려면 사람들과의 관계가 필수적입니다. 이때 중요한 점은 언어습관입니다. 사람들과 좋은 관계를 맺기 위해서는 긍정적인 언어와 경청의 태도를 가져야 합니다. 사람들은 이런 사람과 더 쉽게 관계를 맺으며, 비즈니스의 기회도 자연스럽게 열리게 됩니다. 긍정적인 언어를 사용하고, 상대방의 말을 잘 경청하는 태도를 보이면, 상대방과의 신뢰가 쌓이고 관계가 깊어집니다. 또한, 공감하는 태도도 중요합니다. 예를 들어, 누군가 "오늘 힘든 일이 있었어요"라고 말할 때, 그저 "그래요?"라고 대답하는 것이 아니라, "오늘 많이 힘드셨겠네요"라고 공감의 말을 덧붙이는 것이 관계를 더욱 돈독하게 만드는 방법입니다.

비즈니스에서 성공적인 관계를 맺는 것은 기회를 만듭니다. 관계가 좋으면 새로운 기회가 생기고, 그 기회를 통해 더 큰 성과를 이끌어낼 수 있습니다. 긍정적인 언어와 경청의 습관이 바로 관계를 넓히고, 그 관계가 기회를 만들어 낸다는 점을 명심해야 합니다.

마음을 여는 좋은 질문습관과 기록습관

비즈니스에서 중요한 또 하나의 습관은 좋은 질문을 하는 것입니다. 성공적인 비즈니스맨은 항상 상대방에게 관심을 가지고 그들의 이야기에 귀 기울입니다. "요즘 어떻게 지내세요?" "어떤 일이 가장 힘드세요?"와 같은 질문을 통해 상대방과 심도 있는 대화를 나누는 것이 중요합니다. 이런 질문은 단순히 의례적인 것이 아니라, 상대방의 마음을 여는 중요한 키가 됩니다.

또한, 중요한 것은 그 사람에 대해 기록하는 습관입니다. 상대방의 이야기나 중요한 정보를 기록해 두고, 그 사람이 다시 필요할 때 그것을 기억하는 것이 큰 차이를 만듭니다. 예를 들어, 10년 후에 그 사람을 만났을 때, 그 사람의 이름, 아이들 이름, 그동안 있었던 일 등을 기억하고 말한다면, 상대방은 깊은 인상을 받을 것입니다. 이렇게 기록하는 습관은 비즈니스에서 관계를 오래 지속시키는 중요한 요소입니다.

기승전 자기 콘텐츠로 습관적 클로징(자신감)

비즈니스에서 자기 콘텐츠를 계속 소개하는 습관이 중요합니다. 자기 콘텐츠를 소개하는 클로징을 습관화하면, 비즈니스의 기회가 자연스럽게 열리게 됩니다. 예를 들어, 어떤 사람을 만났을 때 "이걸 배우고 싶으세요?"라는 질문을 습관적으로 던지는 것이 중요합니다. 사람들은 당신이 무엇을 하고 있는지 자연스럽게 알게 되며, 비즈니스 기회가 생깁니다.

이때 중요한 점은 기계적으로 하는 것입니다. 감성적으로 이야기를 한다고 해서 비즈니스가 이루어지는 것은 아니며, 습관적으로 클로징을 하는 것이 필요합니다. 예를 들어, 사람들과의 대화 속에서 "이 제품을 추천해 볼까요?"와 같은 질문을 자연스럽게 던지는 것이 기계적인 비즈니스 습관입니다. 이렇게 반복적인 클로징이 이루어지면, 비즈니스가 자연스럽게 확장됩니다.

숫자로 소통하는 습관(시간, 금액, 목표)

비즈니스의 성공을 위해서는 목표와 성과를 수치화해야 합니다. 예를 들어, 매출 목표나 고객 수, 비즈니스 성과 등을 구체적인 숫자로 설정하는 것이 중요합니다. 목표가 모호하면 방향을 잃기 쉬우며, 실제로 성공적인 결과를 내기가 어렵습니다.

성공을 이루기 위해서는 구체적인 수치로 목표를 세우고, 그것을 달성하기 위한 전략을 짜는 것이 필요합니다. 예를 들어, '이달에 매출 1억 원을 달성하겠다'라는 목표를 세우고, 그 목표를 달성하기 위해 구체적인 액션을 취하는 것이 중요합니다. 수치로 목표를 설정하고 그 목표를 달성하는 것이 비즈니스 성공의 핵심이라고 할 수 있습니다.

성공적인 비즈니스는 습관에서 시작됩니다. 하루아침에 이루어지는 일이 아니며, 매일 실천하는 작은 습관들이 모여 큰 성과로 이어집니다. 오늘 말씀드린 5가지 습관은 비즈니스에서 성공을 거두기 위해 반드시 필요한 요소들입니다. 성과의 씨앗을 뿌리고, 긍정적인 언어와 경청, 좋은 질문을 통한 관계 형성, 기계적인 습관적 클로징, 목표를 숫자로 설정하는 것은 비즈니스의 성공을 이끄는 핵심 습관입니다. 이 습관들을 꾸준히 실천하다 보면, 어느 순간 성공적인 비즈니스가 자연스럽게 펼쳐질 것입니다. 성공은 하루아침에 이루어지는 것이 아니라, 꾸준한 노력이 쌓여 이루어진다는 점을 기억하시기 바랍니다.

2-STEP

커리어 전환의 순간

불안의 문턱을 넘어,
나다운 커리어를 설계하다

직장인들이 흔히 겪는 현실적인 고민,
일터에서 생기는 갈등 및 진로 고민,
퇴직 후의 준비 과정을 함께 살펴봅니다.

01

새로운 시작을 위한 비전과 경영

 비전이 있는 사람과 비전이 없는 사람의 차이는 큽니다. 비전이 있는 사람은 큰 방향에서 선택합니다. 그러나 비전이 없다면 일희일비하게 됩니다. '1인기업CEO경영스쿨'에서 비전은 나를 움직이는 가시화된 동력이라고 이야기합니다. 비전이란 나를 움직이는 가시화된, 눈에 보이는 감성적 일의 동력입니다. 나를 움직일 수 있어야 하며, 비전이 있다면 아침에 일어나는 것 또한 달라질 수 있습니다. 가슴이 뛰는 일을 통해서 눈만 감아도 보일 만한 나의 감성적 일이 바로 나의 미래를 만들어 갑니다.
 비전이란 나와 하는 연애와 같습니다. 연애를 해본 사람들은 안 하던 일을 하게 됩니다. 눈만 감아도 웃게 되고, 그와 함께 미래를 상상하기도 합니다. 비전을 성취하는 것은 다른 방향입니다. 과거에는 북극성을 보고 방향성을 찾았습니다. 북극성을 가는 것은 아니지만, 그를 통해 우리가 가고자 하는 방향을 선택하는 것입니다.
 비전을 통해 우리는 존재하는 것을 생각해 보게 됩니다. 누구에게, 무엇을, 어떻게. 내가 누구로서 존재하는가를 묻습니다. 우리는 여러 가지 역할을 안고 삽니다. 누군가의 남편, 아버지, 아들, 사위 등. 누군가에게는 교수이며 대표입니다. 역할이 많습니다. 그런데 내 역할에서 가장 바람직한 결과를 얻는 방법은 무엇일까요? 바로 비전입니다. 내가 무엇으로 존재하는가, 이것이 중요합니다. 존재가치는 바로 핵심 가치를 만들어 냅니다.

'1인기업CEO경영스쿨' 졸업자의 가장 큰 차이는 핵심 가치입니다. 독립, 성장, 그리고 가치입니다. 비전을 이루는 방법은 성장과 독립이라는 가치를 가지고 실현하는 것입니다. 우리가 하고자 하는 일이 방법으로 제시될 수밖에 없습니다. 이것이 바로 미래 가치가 되기도 합니다. 우리의 꿈입니다. 내가 어떤 사람이 되어야 가장 바람직한 결과를 얻는가를 묻습니다. 우리의 삶이 어떻게 끝났을 때 가장 바람직할까요? 세상에 영원한 것은 없습니다. 어떻게 끝맺음을 얻어야 가장 바람직할까요? 이것이 바로 미래와 존재가치입니다.

펜이 존재하는 이유는 쓰기 위해서입니다. 펜촉이 나가면 상표가 무엇이든 소용이 없습니다. 관건은 미래 가치입니다. 내가 펜을 가지고 어떻게 활용하는가가 중요합니다. 중요한 계약을 맺는다면 그 계약만큼의 가치를 가지고 있을지도 모릅니다. 나는 어떤 가치를 가지고 있는가를 묻습니다. 나의 비전은 누굴 위한 비전인가? 나의 비전은 나의 고객을 위한 비전입니다. 고객을 섬기고, 그를 성장시키는 데 비전이 존재합니다.

비전만큼 중요한 것이 바로 목표입니다. 그런데 목표에 관한 이야기를 들으면 마음에 부담이 생기고, 이룬 것보다 이루지 못한 것에 대한 아쉬움이 커지기 때문에 의지박약이나 계획, 실행력 등에 대한 자책을 하게 됩니다. 목표에 대한 부담을 가지지 않는 것이 내 그릇만큼 목표를 세우는 방법이 됩니다. 내 그릇을 알고 달성할 수 있을 만큼 욕심을 내는 것이 바로 목표입니다.

경영에는 세 가지가 있습니다.

◯ 목표 경영
◯ 시간 경영
◯ 지식 경영

어떤 학문을 배우는 것보다 중요한 것은 내 삶에 잘게 썰어 적용하는 것입니다. 내 크기에 맞게 조율하는 것입니다. 목표를 경영하는 것은 일종의 마인드셋입니다. 내 인생의 목표를 정하는 것은 힘듭니다. 한 달, 주간 단위로 비전을 잡고 체크리스트를 정하여 오늘 해야 할 일이 무엇인지, 하지 말아야 할 일이 무엇인지를 구분하여 집중해야 합니다. 5년 뒤의 비전이 언제 이뤄질까요? 오늘, 지금, 여기서 내가 해야 할 일을 아는 데서 결정됩니다.

목표는 마음가짐입니다. 어떤 일을 어떻게 끝낼 것인가를 정하는 것입니다. 하루아침에 내가 언제 어디에 있을지를 모르는 것, 내가 언제 떠날지를 정하는 것이 목표를 정하는 것입니다. 목표를 통제하기 위해서 중요한 것은 시간을 통제하는 것입니다. 일은 계속 뒤로 밀립니다. 시간을 다루는 문제는 스킬입니다. 시간 관리를 하기 위한 기술을 배우지 않았기 때문에 문제가 생깁니다. 내 시간을 효율적으로 활용하는 방법을 알아야 합니다.

지식은 툴입니다. 내가 뭔가를 해내기 위한 과정 속에서 어떤 도구를 쓰는가가 중요합니다. 도구를 갖고 있어야 합니다. 간혹 50만 원 버는 법과 500만 원 버는 방법은 다릅니다. 지식은 방법의 문제입니다. 무조건 책을 읽는 것보다도 목표를 정해놓고 내게 필요한 것이 무엇인지를 생각해야 합니다. 100만 원 버는 방법과 500만 원 버는 방법은 다릅니다. 우리는 방법을 바꿔야 하며, 100만 원, 200만 원, 500만 원 버는 방법이 다르다는 것을 알아야 합니다. 지식 경영 중 중요한 것은 암묵지와 형식지입니다. 암묵지는 내재되어 있는 습관과 경험에 의존하는 것이지만, 형식지는 누군가와 나눌 수 있고 거기서 응용이 되며 새로운 지식이 만들어집니다. 지금의 사회를 응용 사회라고 하는 이유는 지식을 배워서 나눌 수 있기 때문입니다.

02
케이스로 데이터를 만들라

　삶에서 가질 수 있는 문제를 해결하기 위해 우리는 많은 노력을 합니다. 그중 하나는 독서입니다. 돈이 적게 들고, 원가도 낮습니다. 문제를 해결하기에도 좋습니다. 저는 책을 쓴 경험도 있고, 많이 읽기도 합니다. 제가 가진 책 중 스타트 지점을 말하는 책은 바로 〈죽어도 사장님이 되어라〉 입니다. 내가 사장이 되려면 어떻게 해야 하는지, 마음을 어떻게 먹어야 하는지를 이야기하는 책입니다. 그 책에서는 진로 창조에 관해 DNI라는 키워드가 나옵니다. D는 Dream, N은 Now, I는 Input입니다. 나만의 1인 기업을 위한 그릇을 만들기 위해서는 지금 당장 내가 꿈꾸는 것에 대한 자양분을 넣어야 합니다.

　그리고 다음에 필요한 것은 리더십입니다. 어떻게 문제를 해결할 것인가, 어떤 인사이트와 통찰력을 가질 것인가가 중요합니다. 세상에는 1만 시간의 법칙, 10년의 법칙 등 여러 가지 법칙이 있습니다. 그 말은 과거 내가 해왔던 일에 해답이 있다는 것입니다. 나의 경험, 지능이 곧 자산입니다. 리더십은 "나를 따르라"가 아닙니다. 내가 나를 지키고 세우는 힘입니다. 위기를 해결하는 방법은 나를 지키는 방법입니다. 내 안의 경험과 역량과 재능을 무시하면 안 됩니다. 이를 통해 통찰력을 키우는 것이 중요합니다.

〈죽어도 사장님이 되어라〉를 읽었다면 그다음엔 〈삶을 바꾸는 10분 자기경영〉이라는 책을 추천합니다. 책에는 케이스와 사례를 통해 어떻게 원하는 것을 얻을지 고민하는 사람들이 나옵니다. 1인 기업에는 청년부터 나이가 많은 CEO까지 다양합니다. 본인이 원하는 것을 어떻게 얻을 것인가를 묻습니다. 내가 가지고 있는 버킷리스트, 체크리스트도 중요합니다. 내가 이런 것들을 만들기 위해서 어떤 케이스를 삼았는가를 돌아봐야 합니다. 스타트, 리더십, 사례. 경영스쿨 과정을 통해 150기가 넘는 5,000명 이상의 수강생들을 통해 제가 얻은 것은 데이터와 임상입니다. 일단 시작하고, 나의 기준을 명확하게 정한 뒤 여러 가지 사례를 만드는 것입니다. 이것에 동의한다면 지금 바로 시작해야 합니다.

03
일 잘하는 1인 기업의 핵심 노하우

 어떤 일을 하느냐보다 중요한 것은 어떻게 그 일을 하느냐며, 그보다 더 중요한 것은 누구와, 누구를 위해서 하는지예요. 1인 기업은 직업이 아니라, 내가 살아가는 방법과 전략을 말해요. 즉, 모든 사람은 기본적으로 어떤 일을 하든, 1인 기업에 해당하죠.
 스타트경영캠퍼스는 우리 자녀들을 위한 캠프를 통해서 가치관과 진로에 대한 질문을 하며, 우리는 어떤 존재인가에 대해서 질문하게 합니다. 우리 아이들은 왜 공부를 할까요? 대부분 목적이 없어 보여요. 대학에 가는 것만이 능사일까요? 우리 사회에서 이뤄지는 교육과 직업 가치에 대해서, 우리는 한 번 다시 생각해 볼 필요가 있습니다. 부모님의 욕심이 아닌 자녀들의 가치관과 세상의 흐름을 이해해야 성공적인 방향으로 나아갈 수 있답니다. 아이들은 독립적인 삶을 살아야 합니다. 부모의 꿈을 대신 이룰 이유가 없어요.
 일의 문제, 돈의 문제, 관계의 문제는 우리가 해결해야 할 핵심 요소이며, 돈을 목적으로만 일을 하면 복잡한 인생을 만들게 되죠. 사람들은 일을 통해 성공하고, 돈을 통해 부자가 되기를 원하지만, 관계를 통해 얻고자 하는 것은 행복이에요. 행복은 내가 누군가를 행복하게 해주었을 때 온다는 사실을 알아야 관계의 문제가 해결돼요. 일하는 과정에서도 관계가 필요하며, 이를 깨닫지 못하면 인생의 균형을 잃게 되죠.

남의 기준으로 일을 판단하다 보면, 일을 잘할 수 없고 결국 남의 욕구를 충족시키도록 삶이 흘러간답니다. 우리는 하루라는 제한된 시간 안에 목표를 세워야 하며, 오늘의 끝을 생각하지 않으면 생각 없이 살게 되죠. 내 스케줄이 아닌 남의 스케줄을 따라다니는 삶은 위험하며, 나의 욕구는 무시되고 남의 욕구만을 해결하는 삶이 되겠죠.

인생의 목표는 어떻게 찾을 수 있을까요? 인생에서 고민 중 하나는 '내가 잘하는 것'과 '내가 좋아하는 것'이에요. 또한 "지금 무엇을 해야 할까?"라는 질문을 던져야 하죠. 과거를 돌아보며 잘했던 일과 해결했던 일들을 생각하고, 이를 기반으로 출발점을 찾아야 해요. 많은 사람들이 과거에 지나온 시간에 대해서 의미를 부여하지 않고, 결국 인생을 허비하는 경우가 많아요. 하지만 우리의 그릇을 채우기 위해서는 과거에 의미를 부여하는 것이 무엇보다 중요하며, 욕구는 시간이 지나면서 계속 변할 수 있답니다. 만약 욕구를 정의하지 않고 계속 남의 일만 한다면 결코 보람 있는 결과를 얻을 수 없죠.

첫 번째로 메타인지를 구별하며 계획을 세우는 것이 필요하고, 두 번째로는 비전을 설정하는 과정이 중요해요. 저희 프로그램은 상담을 통해 복잡한 상태를 정리해 주고, 개인의 장점과 기질을 진단하여 비전을 찾아주며, 이를 통해 성과를 낼 수 있도록 돕죠. 직장은 나의 시간을 거래하는 곳이며, 직장생활의 경험을 바탕으로 자신의 기질과 장점들을 발견하는 것이 매우 중요해요. 그래야 은퇴 후에도 나의 삶을 경영하는 1인 기업이 될 수 있습니다. 현재 자신의 단계를 인식하고, 다음 단계로 올라가기 위해 필요한 노력을 계산해야 하죠. 또한 목표 달성을 위한 실행 전략을 설정하고, 이를 지속적으로 피드백하며 관리하는 것이 필요합니다.

 일을 잘하는 1인 기업이 되고 싶은가요? 당신의 정답은 내 마음 안에 있답니다. 당신의 고객은 누구인가요? 나는 어떤 존재로, 어떤 고객을 위해 쓰임 받고 싶은가요? 이것이 해결되어야, 다음 비전의 씨앗을 얻을 수 있답니다.

04

지속 가능한 롱런 커리어 전략

이번에는 롱런에 대한 이야기를 해보고자 합니다. 한 분야에서 오랜 시간 일을 하려면 어떻게 해야 할까요? 뛰어나서, 엄청나게 대단해서 롱런하는 게 아니라 오래 유지하는 게 중요합니다. 돈과 일, 사람. 이게 가장 제가 관심있어 하는 분야인데, 제가 이것들을 총칭하는 말은 '경영'입니다.

제가 진행하는 경영스쿨에서는 어떤 아이템도 추천해 주지 않습니다. 뚫린 구멍에는 아이템이 채워지는 게 아니라, 그걸 채우는 것부터 필요해요. 일이 되게 하기 위해서는 먼저 나의 빈틈부터 채우는 게 중요해요. 빨리, 섣불리 성공하는 것보다는 올바르게 지속하는 것이 롱런하는 것의 원칙이자 힘입니다.

저는 20년 동안 대기업에서 마케팅 등을 강의했어요. 과거에 B2B를 했지만, 지금은 40대 직장인을 포커스로 B2C 강의와 멘토링을 하고 있습니다. 저의 초점은, 내 고객인 사람인 가까운 사람에게 초점을 맞추는 거예요. 1천만 원을 창출하는 1인 기업 경영인들을 천 명 배출하고 싶어요. 이런 비전을 가지고 있어요.

저는 여러분들이 멘토로 브랜딩이 되었으면 좋겠어요. 멘토라는 위치를 가지고 가야지 롱런할 수 있어요. 여러분은 고객을 살릴 수 있는 콘텐츠를 가져야 해요. 계속 이런 경험들이 축적되어야 하고, 고객 중심의 사고가 여러분의 사업 가치를 높여요.

고객을 위한 가치가, 나의 수익모델이 됩니다. 멘토링은 왜 돈이 될까요? 멘토링에 대해 사람들이 '돈이 안 된다'라고 하는데, 과거 B2B 컨설팅을 하던 때에는 그런 말을 많이 들었습니다. 저를 반대했던 교수님들은 지금 퇴직 후 별다른 일을 하지 않으며, 제가 B2C 쪽으로 가는 것에 대해 매우 반대했어요. 하지만 저는 그와 반대로 제가 된다는 사실을 증명하고 싶어 B2C의 가능성을 보여주고자 했죠. 10년 전만 해도 B2B가 돈이 되는 시대였지만, 지금은 B2C가 크게 성장하고 있고, B2C의 대표주자인 쿠팡이 70%의 시장 점유율을 차지하고 있어요. 여러분들은 B2C에 무엇을 투자하고 있나요?

B2C에서 성공하려면 적절한 조건을 갖춰야 하며, 과거의 B2B 하드웨어로 B2C를 시도하는 것은 불가능합니다. 20년 동안 운영해 온 '1인기업CEO경영스쿨'을 통해 B2C 사업화의 기반을 마련했죠. 이 과정은 시작 당시 수익을 목표로 하였던 것이 아니라 개인이 경영을 배우는 실험이었고, MBA의 필요성에 대한 질문에서 출발했어요. 모든 경영은 나로부터 시작합니다. 5주 동안 온라인으로 진행되는 이 과정에서는 브랜드 비전, 경영, 전략, 실행, 역량을 학습하며, 코칭과 멘토링도 포함되죠. 인터뷰, 그룹

코칭, 글쓰기 특강, 시간 관리 등에 관련된 과정이 속합니다.

그릇의 균형이 중요해요. 우리 안에 있는 마음 그릇의 균형을 맞추는 것이요. 우리가 무언가를 지속하는 것에 가지고 있는 자격지심이라는 게 있습니다. 우리가 가지고 있는 자격지심을 넘어서서 나로서, 경영자로서 행동해야 합니다. 사업을 하겠다면 성공에 대해 간절한 사람이 되어야 합니다. 아직도 직장인, 누군가의 엄마로서 살고 있다면 안 됩니다. 나는 누구로서, 어디에 무엇을 판매할 건가요? 우리는 스스로 존재가치를 높이기 위해서 행동하고 있나요? 조금 더 쉽게, 빠르게 성공하고 싶나요? 조급한 마음으로 수익화 강의나 남들을 쫓아다니고 있나요?

그것을 멈추세요. 씨앗이 뿌리를 내리면 싹이 나고, 결국 열매를 맺게 되므로 올바른 과정을 통해 성장해야 해요. 나만의 씨앗이 있어야, 열매를 맺게 됩니다. 다른 열매를 돈 주고 사거나, 남의 열매를 대신 맺어주기 위해서 경작하는 일을 멈추세요. 이제는 나만의 콘텐츠로 구독 서비스를 만들어야 합니다. 비전을 세우세요. 내가 지금 어디 있나요. 차별화는 결과가 아닌 과정이에요. 투자해서 수익을 낼 수도 있어요. 그렇지만 핵심은 어떻게 일을 해서 시드머니를 만드는가 입니다. 우리는 과정을 봐야 해요. 올바르게 시작하면 롱런할 수 있지만, 올바르게 시작하지 못하면 롱런할 수 없어요.

우리의 성격은 인격이 되어야 합니다. 멘토가 되는 것은 자신의 인격을 가공해야 함을 의미해요. SNS는 단순히 이름을 알리는 것이 아니라, 누구에게, 무엇을, 어떻게 알리는지가 핵심이죠. 저는 1인 기업으로서 콘텐츠를 지속적으로 만들어 가고 있으며, 이를 통해 구독 수익을 창출하고 있어요. 제가 제공하는 블로그와 유튜브는 모두 프리미엄 콘텐츠로, 지속적인 관계 형성을 목표로 하고 있죠. 돈, 일, 사람의 관계가 가장 중요하다고 생각해요. 그리고 여러분의 경제적 문제 해결과 개인 역량의 향상을 돕고 있어요.

경영의 기본은 사명, 가치, 비전, 목표, 전략, 실행과 피드백으로, 이는 이미 하버드 비즈니스 리뷰에 나와 있는 내용이에요. 성공은 원칙을 지키는 것이며, 현상과 본질을 구분해야 하고, 남의 성공보다는 자신의 원칙을 중시해야 합니다. 프로의 반대말은 포로라는 것을 명심하고, 어려운 상황 속에서도 원칙을 지켜야 진정한 성공을 이룰 수 있어요. 정말 중요한 것은 내가 몇 번 도전했는지, 거절당했는지가 아니라 나아가 올바르게 살기 위해 어떤 행동을 했는가, 하는 것이죠. 이렇게 축적된 노하우들이 여러분이 다른 이에게 긍정적인 영향을 미치는 핵심이 될 거예요. 우리는 위대한 성공을 위해 노력하고 멘토를 통해 자신의 꿈을 이루고자 해요. 수익모델을 만들기 위해서는 시간과 지식뿐만 아니라, 인격으로 돈을 벌어야 하며, 이는 자기 발견에서 시작된답니다. 아울러 자신의 성공에 간절해야 하며, 진중한 자세가 필요합니다. 이게 바로 롱런의 공식입니다.

05
마르지 않는 샘물을 만드는 법

▎나는 '시간'의 게스트인가, 호스트인가?
- 혹시 주도권을 잃었나?

우리는 시간을 잘 보냈습니까? 계단을 쌓기만 했던 것은 아닙니까? 요즘 노력하지 않고도 돈을 벌 수 있을 것 같은 강의가 성행하고 있습니다. 하지만 고액의 교육을 받는 것만으로는 소용이 없습니다. 콘텐츠를 만든다는 것은 결국 나만의 경험을 가지고 노하우를 통한 노력이 필요한 것입니다.

▎나의 '콘텐츠'는 누구를 향하고 있는가?
- 고객 없이 기술만 키우나?

내 고객이 누군지를 모르면 전문성이 떨어질 수밖에 없습니다. 약발이 있는 콘텐츠가 만들어지기 위해서는 나의 고객이 명확해야 합니다. 대부분 사람들은 시간을 통해 규칙적이고 기본적으로 돈을 법니다. 그런데 그다음은 지식입니다. 프리랜서 강사들은 시급을 법니다. 프리랜서 강사들이 강의하는 내용은 기존에 있던 것입니다. 시간당 얼마라는 것은 이미 책정이 되어있습니다. 내가 시간으로 일을 하는 것은 몸으로 일하는 것입니다. 하지만 콘텐츠를 발행하게 되면 내가 움직이지 않아도 됩니다.

본질은 어떤 콘텐츠를 올리느냐입니다. 수익화를 위해 블로그를 합니까? 유튜브를 합니까? 이를 통해 돈을 버는 방법은 있을 수 있습니다. 하지만 그게 곧 내 콘텐츠가 되지는 않습니다. 결국 나만의 콘텐츠를 올리는 것이 중요합니다.

❙ '고객'의 인생과 함께 가고 있을까?
- 유한적 경영에서 바쁘진 않은가?

솔루션과 해결책을 상담이나 코칭에서 쓰는 것은 결국 시간을 파는 일입니다. 결국 우리는 인격으로 돈을 벌어야 합니다. 콘텐츠를 통해 돈을 벌어야 합니다. 우리가 단순히 나의 노트와 공책에 내 이야기를 쓴다고 한들, 돈을 만들 수 없습니다. 돈을 만들기 위해서는 콘텐츠가 축적되어야 합니다. 계속 쌓여야 합니다. 컵이 없으면 축적되지 않습니다. 고객과 공유되어야 합니다. 나눠주어야 합니다. 무료로 많이 도와주어야 합니다. 그러면서 공유가 되어야 합니다. 공유의 방식은 결국 구독이 되어야 합니다. 고객의 백 가지 질문에 대한 답을 내서 구독 플랫폼에 올리고,

월마다 돈을 받으면 좋습니다. 계속해서 콘텐츠를 올리고 사람들에게 귀감이 되어야 합니다. 나의 인격을 수양해서 사람들과 함께 가야 합니다.

06
퇴직 후 준비는 퇴근 후부터

> 50대의 직장인입니다. 여태껏 숨 돌릴 틈 없이 바쁘게 살아왔는데, 정신을 차려보니 눈앞으로 바짝 다가온 정년에 요즘 고민이 많습니다. 지금까지의 제 세상은 온통 직장뿐이었는데, 퇴직하면 무엇을 하고 살아야 하는 걸까요? 그런 생각 하면 눈앞이 막막하고 가슴이 쪼그라드는 것만 같습니다. 지금이라도 퇴직 후에 다룰 만한 사업 아이템을 생각해 두는 편이 좋을까요?

퇴직 후의 준비는 퇴근 후부터 시작된다고 생각합니다. 중요한 것은 퇴직 후에 어떤 사업을 할 것인지를 찾는 게 아니라, 퇴직 후에 어떤 사람으로서 살 것인지를 찾아야 한다는 겁니다. 마냥 걱정만 하다가 퇴직을 맞이해서는 안 되겠죠.

아는 것이 힘이다

　예전에 '중국 시장과 베트남 시장 중 하나를 선택해야 하는데, 어디가 좋을까요?'라는 질문을 받은 적이 있습니다. 그것을 언제까지 결정해야 하냐고 되물어 보았더니 당장은 아니고 3개월 내에는 결정해야 한다고 하더군요. 그 3개월 안에 무엇을 하면 좋을지가 바로 관건입니다. 이 질문을 주신 분은 중국 시장에 대해서도 베트남 시장에 대해서도 잘 모르는 상태입니다. 그러니까 배워야 합니다. 책을 읽고, 강의를 듣고, 사람을 만나면서요.

　알기 위한 과정을 거치지 않으면 우리는 운에만 모든 상황을 맡기게 됩니다. 위험도가 높은 방식이죠. 퇴직 후의 삶도 그렇습니다. 퇴직 후에 어떤 일을 할지를 궁리하는 것보단 우선 내가 얼마나 알고 있는지를 파악하는 게 우선입니다. 그래야만 내가 잘 모르고 있던 것에 관한 공부를 시작할 수 있겠죠. 그렇게 쌓은 지식이 곧 여러분들의 기회가 될 것입니다.

퇴근 후 스스로를 점검하라

　출근 후의 시간이란 비교적 단순하게 흘러갑니다. 위에서 시키는 일만 처리하면 되니까요. 정말 관리하기가 어려운 것은 퇴근 후의 시간입니다. 그 소중한 자원과도 같은 시간에 여러분은 무엇을 하시겠습니까?

이런 시간을 우리가 흔히 낭비하는 곳이 바로 '인맥 관리'라는 명목입니다. 물론 인맥을 구축하는 것도 중요하지요. 하지만 그 인맥이 여러분의 한정된 시간을 투자하면서까지 붙잡아야 할 인맥인지는 영영 알 수 없는 답일 겁니다. 그러니 일단은 여러분 자신의 상황을, 여러분의 일을, 여러분의 모습을 먼저 점검하는 것이 우선이 아닐까 생각합니다. 그 짧다면 짧은 시간이 지닐 수 있는 최고의 가치를 부여하는 겁니다.

단순한 삶을 경영하라

우리가 현재 사는 일상이 복잡하면 퇴직 후의 삶도 복잡해질 수밖에 없습니다. 너무 남들처럼 살려고 이곳저곳 판을 벌이면요, 삶이 불안하고 불편해집니다. 그러니까 우리가 해야 할 일은 그저 단순하게 사는 겁니다. 오늘의 복잡함을 거부하고, 거품 없는 삶을 만드는 겁니다. 그런 연습을 저는 '경영'이라고 부릅니다. 반드시 창업을 해야만 경영인 것은 아니거든요. 나의 일상부터 경영해 나가는 습관을 들이는 거죠.

❶ 아는 것이 힘이다
❷ 퇴근 후 스스로를 점검하라
❸ 단순한 삶을 경영하라

한 치 앞도 모르는 것이 우리 인생인데, 어떻게 퇴직 후의 삶을 미리 알겠습니까? 다만 준비할 수 있는 것을 준비하면서, 일단은 오늘 퇴근 후의 시간을 경영해 보는 여러분이 되기를 바랍니다.

07
현실감이 떨어지는 직원들을 어쩌죠

> 작은 사업체를 운영 중인 사장입니다. 회사가 작지만 오래되어서 직원들 간의 관계는 더할 나위 없이 돈독한데요, 너무 고여 있던 것이 문제였는지 현실감이나 위기감 같은 것이 부족해서 걱정입니다. 업계가 어려워지고 회사가 어려워지는데도 시류를 읽지 않고 당장의 즐거움만을 쫓는 직원들이 답답합니다. 다들 능력 있는 친구들임을 아는데, 좋은 시너지를 내지 못하니 어떻게 해야 할지 모르겠습니다.

한 직장에 익숙해지면 직장 바깥의 삶이라든가 세상을 인식하지 못하고 지낼 때가 많죠. 보이지 않는 관행이나 습관이 몸에 배다 보니 중요한 본질을 놓치기 쉽다는 거예요. 이럴 때 직원들을 막 겁주는 건 의미가 없어요. 잘못하면 불안감이 쌓여서 일의 집중도를 낮출 수 있거든요.

자기 자신이 누구인지 알게 하라

직원들의 현실감이 떨어지는 이유는 그들이 자기 자신을 잃어버렸기 때문이에요. 자기 자신이 누구인지를 잊은 사람은 내가 어디에 있는지, 어디로 가야 하는지 감이 떨어질 수밖에 없어요. 그러니까 직원들이 스스로 자신이 누구인지를 깨닫게끔 해주었으면 좋겠어요. 방법은 여러 가지가 있어요. 애니어그램이나 MBTI 같은 테스트를 활용해도 좋고, 자신의 가치관이나 삶의 원칙, 살아오면서 가치를 발휘했다고 생각하는 경험을 적어 보는 것도 좋아요. 그런 내용을 직원들끼리 서로 공유할 수 있다면 더 할 나위 없겠죠.

사람은 서로 다르잖아요. 직원들 간에도 크고 작은 갈등이 있을 거고요. 그러니까 서로 간의 타고난 성향과 강점을 이해하고 함께 소통할 수 있는 환경을 만들어 줘야 한다는 거예요. 그리고 직원 한 명 한 명에게 적극적으로 격려를 해주는 거죠. "너는 신중하고 실수가 없어서 정말 든든해" "너는 우리 회사에 꼭 필요한 분위기 메이커야"처럼요. 그런 격려를 들은 직원은요, 더는 '평범한 직원 1'이 아니게 돼요. 자신이 해야 하는 일을 더 명확하게 이해하고 의지를 가지게 되거든요.

▌한 명씩 외부 교육을 듣게 해라

 직원들로 하여금 교육을 받게 하는 것도 좋은 방법이라고 생각하는데요, 회사에 외부 강사를 초청하는 것은 추천하지 않아요. 열심히 하는 분위기가 형성되지 않은 환경에선 강의 한 번만으로 무언가 바뀌기가 쉽지 않거든요. 제가 권해드리는 방법은 한 명씩 외부 교육을 보내는 거예요. 개인으로 외부 교육에 참여하면 약간의 긴장감도 생기고, 무엇보다도 다른 회사에서 오신 분들을 만날 수 있잖아요. 그런 사람들과 섞이면 자세 자체가 달라지거든요. 회사에 대한 자긍심도 생기고, 다른 사람들의 태도를 보고 좋은 자극을 받을 수도 있죠.
 명심할 점은 딱 한 명씩 보내야 한다는 거예요. 애매하게 두세 명을 보내면 서로 시시덕거리느라 다른 사람들을 만날 기회가 생기지 않거든요. 오롯이 혼자 가서 긴장감과 자극을 받고 돌아오는 게 중요해요.

▌직원의 출장에 동행하라

 직원이 외부로 영업이나 출장을 갈 때가 있잖아요. 그때 상급자가 동행하게 하세요. 사실 그냥 상급자보다는 사장님과 함께 가는 게 최고예요. 출장에 동행하면 많은 시간을 가까이서 함께 하게 되잖아요. 그럴 때 자연스럽게 직원이 영향을 받게 되거든요. 사장님의 가치관, 사장님의 생각을 이해하고, 나아가서는 사장님의 관점에서 세상을 보고 행동하게 되지요. 이런 과정이 지속되면 서로 간의 격차를 줄이고 직원의 현실감을 끌어올릴 수 있다는 거예요.

❶ 자기 자신이 누구인지 알게 하라
❷ 한 명씩 외부 교육을 듣게 해라
❸ 직원의 출장에 동행하라

리더란 복잡한 것을 단순하게 만드는 사람들이죠. 그런 리더의 철학과 능력, 역할을 직원들이 바로 옆에서 보고 배우게 해야 해요. 그렇게 하면 리더에 대한 신뢰도가 높아짐은 물론이고 직원 한 명 한 명에게 목적의식이 생기거든요. '잘 하자'며 꾸짖기만 할 게 아니라, 그들이 스스로 무언가 생각하고 행동할 수 있는 환경을 만들어 주시면 좋겠다는 생각이 듭니다. 오늘의 이야기는 여기서 마칩니다. 감사합니다.

08

상사와의 갈등으로 힘들어요

> 나를 싫어하려고 태어난 사람.
> 제가 느끼는 저의 직속 상사는 딱 그런 사람입니다. 제가 한 노력은 세상에서 가장 하찮은 것으로 취급하고, 제가 저지른 실수는 세상에서 가장 큰 잘못인 것처럼 취급하죠. 며칠 전에는 야근을 거듭하며 수정한 기획서를 몇 장 훑어보고는 책상에 던져버리기에 다퉜습니다. 제게 발전이 없다고 하더군요. 너무 억울하고 열을 받아서 퇴근하는 길에 울었습니다. 거지 같은 상사와 매일 마주해야 하는 거지 같은 직장… 홧김이지만 확 퇴사해 버리고 싶다는 생각이 들었습니다. 저 너무 힘이 듭니다.

상사와의 갈등, 직장생활에서 많은 사람들이 호소하는 어려움 중 하나입니다. 상사와 갈등이 일어나는 원인엔 여러 가지가 있지만, 어쨌든 갈등인 이상 결정하는 수밖에 없겠죠.

▎내가 원하는 상황은 무엇인가?

상사와의 갈등으로 힘든 여러분이 원하는 것은 무엇입니까? 상황을 바꾸는 겁니까, 상사를 이겨 먹는 겁니까? 아마도 상황을 바꾸는 것이겠죠. 상황을 바꾸기 위해선 상사와의 갈등을 줄이고 화해를 하는 과정이 필요합니다. 도저히 그러고 싶지 않아서 이직하는 경우가 있는데, 대개는 그 상사보다 더한 상사를 만나게 됩니다.

그렇다면 시원하게 퇴사를 해버리고 사업을 벌이는 것은 어떨까요? 네, 그렇게 해도 똑같은 인간을 마주하게 됩니다. 고객으로도 만나고 투자자로도 만나게 되죠. 평생 똑같은 문제에 쫓기는 삶을 사는 겁니다. 그래서 여러분이 제자리에서 돌파하기를 원합니다. 상황을 바꾸기 위해 눈을 질끈 감고 견디는 시간 거치기를 원합니다. 만약 여러분이 상사 때려눕히기를 바라지 않는다면 말이죠.

▎그를 먼저 인정하라

많은 사람들이 인정받기를 원합니다. 함께 하는 상사에게 받는 인정이라면 말할 것도 없겠죠. 하지만 여러분, 인정을 구걸하지 마십시오. 인정을 기다리지 마십시오. '내가 이렇게 열심히 했는데 왜 몰라줘?' 하고 서운한 마음이 들 수도 있습니다. 하지만 그 서운한 마음이 갈등을 초래해선 안 됩니다. 그 상사가 나의 노력을 알면서도 무시하고 있다고 생각해서는 곤란합니다.

차라리 여러분이 인정을 기다리기보단 먼저 인정했으면 좋겠습니다. 여러분도 그 상사가 불편할 테지만 그 상사 역시 여러분이 불편할 수 있거든요. 그러니까 그가 옳은지 그른지를 판단하지 말고 먼저 인정을 해주세요. 상대를 인정해 주는 가장 쉬운 방법은 불렀을 때 대답을 즉각 하는 겁니다. 웃으면서 이야기하고 고개를 끄덕여 주는 겁니다. 상사가 하는 말이 아무리 마음에 들지 않더라도 드러내선 안 됩니다. "과장님의 말씀도 옳습니다. 그런데 제 생각은 이렇습니다"라고 말해야 합니다. 대뜸 반론부터 해버리면 그 관계는 비틀릴 수밖에 없습니다.

내가 갈 수 있는 최선의 길을 만들라

여러분이 그 상사에 대해 좋지 않은 감정이 있다고 해도, '저 사람은 이럴 거야'라고 판단하거나 표현하지 마세요. 지레 판단하고 표현하는 것엔 어떤 의미도 없습니다. 그 판단과 표현이 진짜 패배자를 만듭니다.

제가 이렇게 말씀드리면, '그러면 나는 굽히고만 살라는 거야?'라는 생각이 드실 수도 있겠습니다. 하지만 여러분이 상황을 바꾸고자 한다면 자존심은 버려야만 합니다. 그것은 그 상사의 비위를 맞추기 위함은 아닙니다. 훗날 여러분이 큰 성과를 내서 어떤 스토리를 만들었다고 생각해 보십시오. 여러분이 남기고 싶은 스토리는 상사에게 자존심을 세워 이겨 먹은 스토리입니까, 아니면 인내로 상사의 마음을 얻은 스토리입니까?

상사에 대한 감정적인 한탄은 아무 의미가 없습니다. 그 상황에서 여러분이 선택할 수 있는 최선의 길을 고르는 게 정말 중요한 겁니다.

❶ 내가 원하는 상황은 무엇인가?
❷ 그를 먼저 인정하라
❸ 내가 갈 수 있는 최선의 길을 만들라

'그 사람한테 맞춰 줘봤자 내 속만 터지지. 차라리 이겨 먹고 말래.'

물론 승리하기를 원하는 것 역시 여러분의 선택입니다. 하지만 그것은 성공하더라도 아주 어리석고, 어설픈 승리일 것입니다. 여러분이 보다 가치 있는 것을 얻기를 원합니다. 먼 훗날 돌아봤을 때 정말 필요한 스토리를 쌓아가기를 원합니다.

09

회사에서 인정받고 싶어요

> 지금의 직장으로 이직한 지는 2년 정도 됐는데요. 짧지는 않은 시간이라고 생각하지만, 부끄럽게도 이곳 사람들에게는 아직 제 능력을 인정받지 못하고 있습니다. 제겐 충분한 열정이 있는데, 정작 가장 중요한 인정을 받지 못하니 자꾸만 사기가 떨어지고 침울해집니다.

회사에 인정을 받는 경험은 정말 중요하죠. 단순히 아부를 떤 결과가 아니라 회사가 원하는 것을 맞춰 주었다는 거니까요. 그것도 하나의 기술이라고 생각합니다. 회사에서 인정받는 기술, 세 가지를 간단히 소개하겠습니다.

즉시 반응하라

첫 번째 솔루션은 반응이에요. 반응이 즉각 나오는 사람들은 인정받기 쉽습니다. 오픈마인드에, 리액션이 적극적이고, 금방금방 피드백을 주죠. 그런데 그렇지 않은 사람들은 어떨까요? 늘 두려움에 떠는 상태예요. 과장님이 나를 왜 불렀을까. 또 꾸짖으려고 하나. 이런 반응이 먼저 나온다면 직장에서 인정받기는 이미 물 건너간 거죠.

회사에서 제일 어려운 게 인간관계인 이유를 아시나요? 회사에선 모두가 혼자 일하고 있는 것처럼 보이지만 사실 어떤 일도 내 선에서만 끝나지는 않아요. 내가 받은 일도, 내가 끝낸 일도 다른 부서를 거쳐서 온 것이거나 곧 거치게 될 거거든요. 우린 그걸 협력이라 말하죠. 그러니까 협력이 잘 되려면요, 즉각 반응이 나올 수 있도록 해야 해요.

그를 먼저 인정하라

두 번째, 내가 인정받고 싶다면, 먼저 인정해 주세요. 누구를요? 내 직속 상사를요. 물은 위에서 밑으로 흐르는 법이거든요. 직급이 위인 사람이라도 내가 인정을 해줄 때만큼은 내 아래 있는 사람이에요. 그러니까 보다 적극적으로 그를 인정해 주고, 그에게 맞춰주세요.

"팀장님, 아까 회의 때 그 말씀 참 잘하신 것 같습니다."
"부장님, 저희 직원들에게 하신 말씀 참 가슴에 와닿습니다."
아랫사람이라고 왜 그런 얘기를 하면 안 되나요? 충분히 할 수 있어요.

인정을 못 받는 사람의 공통점은 남을 잘 인정하지 않는다는 거예요. 남을 인정하는 것이 손해라고, 혹은 주제넘은 일이라고 생각하는 거죠. 하지만 그렇지 않다는 겁니다.

▎미리 보고하라

세 번째, 보고입니다. 제가 대기업에 강의하러 가면 그런 얘기를 자주 해요. 상사가 갑자기 부르더니 "자네, 요즘 무슨 일 하나?" 하고 묻는다면 끝난 거다, 라고요. 요즘 뭘 하고 있냐니. 그걸 상사가 묻게 해선 안 되겠죠. 미리 보고하고, 소통을 하는 자세가 필요해요. 그 사람이 기다리기 전에, 재촉하기 전에 알려주는 거예요. 그것만 지켜도 아마 상사와의 관계가 전과는 대폭 달라지지 않을까 생각합니다.

❶ 즉시 반응하라
❷ 그를 먼저 인정하라
❸ 미리 보고하라

회사에서 인정받는 건 참 중요하죠. 문제는 마냥 바라기만 해서 될 게 아니라, 인정을 받기 위해서 노력해야 한다는 겁니다. '인정을 받기 위해 행동하고 있느냐' '인정을 받기 위해 표현하고 있느냐' 이걸 돌아보지 않으면 나는 인정도 받지 못하고 우울한 사람이 될 뿐입니다. 그렇다면 회사에서 인정을 받기는커녕 적응하기도 어려워지겠죠.

10

진짜 창업하고 싶은데 마땅한 아이템이 없어요

> 대학 재학 중, 우연히 접하게 된 어느 졸업생의 강연에 제게는 아주 난데없는 꿈이 생겼습니다. 바로 창업의 꿈이었는데요. 이건 제게 있어 아주 의미가 있는 일이었습니다. 평생 남들의 뒤를 따라다니기만 하던 제가 전에 없던 열정과 용기로 충만하게 되었으니까요.

하지만 문제가 있습니다. 창업하고 싶기는 한데, 마땅한 아이템이 없다는 겁니다. 당장 공부하고 있는 전공은 그런 것과 관련이 없고요. 지금 유행한다는 아이템들은 곧 시장에서의 가치가 떨어질 것 같아서 쉽사리 손을 대기가 꺼려집니다. 어떻게 하면 좋은 아이템을 찾을 수 있을지 모르겠습니다.

언제나 정답처럼 통하는 아이템 같은 건 없습니다. 뿌리가 깊은 나무는 줄기가 아무리 흔들려도 부러지지 않지요. 그래서 아이템의 유연성이 곧 창업의 생명력이라고 생각합니다. 중요한 건 본질이 무엇이냐는 거죠.

좋은 아이템은 나 자신에게서 나온다

가장 좋은 아이템은 다른 무엇도 아닌 여러분 자신에게서 나옵니다. 유효기간이 존재하는 한철 아이템을 따르는 것보다는 여러분의 경험을 따르는 편이 좋겠죠. 내가 했었던 일, 내가 쌓았던 관계, 내가 배웠던 지식.

제가 이런 말씀을 드리면 '제 전공은 돈이 안 돼요'라고 항변하는 학생들이 많이 있는데요, 여러분은 학교가 왜 존재한다고 생각하십니까? 학교란 그저 학생들을 취업시키기 위한 기관에 불과합니까? 아니지요. 학교는 여러분이 익힌 지식을 활용해 사회적인 가치를 떨치라고 만들어진 기관입니다. 여러분의 전공으로 시장에서 새로운 가치를 만드는 일이 왜 불가능하겠습니까?

꼭 1억씩 대출받아서 사무실을 차려야 창업입니까? 요즘엔 돈 한 푼 들이지 않고도 널리 영향력을 떨치는 방법이 많이 있습니다. 여러분 자신을 돌아보며 길을 찾아보라는 이야기입니다.

당신은 누구를 위해 존재하는가?

'나는 누구를 위해 존재하는가?'

저는 이런 질문을 자주 던지는 편입니다. 처음 이 질문을 받는 사람들은 어리둥절하면서 '저 자신을 위해서요'라고들 합니다. 나는 나를 위해 존재한다. 단순하게 보면 맞는 말이긴 합니다. 문제는 가치가 없다는 겁니다. 여러분이 이 글을 읽고 지금도, 주변을 둘러보면 그 어떤 것도 자신만을 위해 존재하는 것이 없습니다. 그러니까 우리가 하고 있는 일에 어떤 가치가 있는지를 생각해 보면 거기 누군가가 있어요. 그들을 우리는 고객이라고 합니다.

생수를 만드는 회사는 목이 마른 고객들의 문제를 해결해 주기 위해 존재하고, 선글라스를 만드는 회사는 햇빛으로부터 눈을 보호하고 싶은 고객들의 문제를 해결해 주기 위해 존재하죠. 저마다의 고객이 가진 수요를 맞춰줄 수 있는 경쟁력을 찾아나가는 게 바로 경영 아니겠습니까?

▎돈이 만들어지는 원리를 이해하라

창업의 기본은 돈이 만들어지는 원리를 아는 것에서 시작합니다. 여러분이 직장에 다니는데 연봉을 3천만 원 받는다고 생각해 봅시다. 그 3천만 원이라는 돈은 어떻게 만들어지는 걸까요? 출근만 하면, 윗사람들 비위만 좀 맞춰주면 저절로 나오는 돈인가요? 3천만 원보다 많은 연봉을 벌고 싶다면 어떻게 해야 할까요? 지금 하는 일을 더 열심히 하면 된다고요? 그렇게 대답한 여러분은 돈이 만들어지는 원리를 아예 모르고 계신 겁니다.

이 말을 좀 다르게 해볼까요? 돈이 만들어지는 원리만 알고 있다면 여러분은 충분히 연봉을 높일 수 있습니다. 사업에서도 마찬가지입니다. 2백만 원에서 3백만 원. 3백만 원에서 5백만 원. 5백만 원에서 1천만 원. 원리를 알고 꾸준히 노력한다면 성과가 나올 수 있죠. 하지만 처음부터 5천만 원, 1억 원을 꿈꾸지는 마세요. 5천만 원을 벌지 못하면 성공하지 못한 것이라고 여기지 마세요. 높은 액수에는 그만큼 리스크가 많아요. 노력에 더불어 운이 따라줘야 하거든요. 그러니까 너무 큰 기대를 품지는 마세요.

❶ 좋은 아이템은 나 자신에게서 나온다
❷ 당신은 누구를 위해 존재하는가?
❸ 돈이 만들어지는 원리를 이해하라

아직도 마땅한 아이템이 없어 고민하시는 여러분들이 계시다면, 더 많은 경험을 해보세요. 많은 사람을 찾아다니시고요, 많은 책을 읽으세요. '커피 사업을 해볼까?' 하는 생각이 든다면 커피에 관련된 책을 딱 100권만 읽어보세요. 그렇게 되면 아마 커피 사업을 하고 싶지 않아질 수도 있고요. 더 발전된 아이디어를 얻을 수도 있을 겁니다.

11
직장에서 하던 일을 뺏겼어요

> 직장에서 공을 들여 진행하고 있던 일을 빼앗겼습니다. 프로젝트가 통째로 다른 부서에 넘어갔다고 했죠. 따져 묻고 싶었지만 그럴 수가 없었습니다. 황당해할 겨를도 없이 영업부로 인사 발령을 당했거든요. 꼭 쫓겨나듯 옮겨진 자리에 앉아 멍하니 모니터를 들여다보는데, 내가 꿈을 꾸는 건가 싶고 어리둥절하더군요. 아무리 생각해도 제겐 잘못한 게 없는데, 부당한 대우를 받고 있다는 생각에 자존심이 상하고 눈물까지 왈칵 차오릅니다. 뭘 어떻게 해야 할지 모르겠습니다.

직장에서 하던 일을 빼앗기셨군요. 정말 기분이 좋지 않으셨을 것 같습니다. 어떻게 위로의 말씀을 드려야 할지 모르겠는데요, 일단 세 가지 정도 조언을 해드릴까 합니다. 지금 일을 하고 계신 분들도 오늘의 이야기를 유심히 들으며 이해해 보는 시간을 가지시면 좋겠습니다.

할 수 있는 일에 집중하라

많은 사람들이 '직장에서 하고 싶은 일'을 말하지만, 직장에서 맡게 된 업무가 내 욕구와 일치하지 않는 것은 너무나 당연합니다. 내가 정말 하고 싶은 일을 하려면 적어도 10년간은 직장생활을 해야겠죠. 그것은 말마따나 미래의 일이고, 지금의 우리에게 중요한 것은 '어떤 일을 하고 싶은가'보다 '어떤 일을 할 수 있는가'에 집중하는 겁니다. want보다는 can에 초점을 맞춰야 한다는 거죠.

일이란 내가 소유할 수 있는 개념이 아닙니다. 기업이 내게 맡기는 것이고, 그 기업에 내가 없어도 존재하는 것이 바로 일입니다. 그 사실을 인정하지 않으면 아주 골치 아픈 일들이 생기게 됩니다. 이렇게 일을 빼앗겼다고 생각됐을 때 크게 좌절할 수도 있죠. 사연자분께선 그 일을 누구보다 잘할 수 있는데 빼앗겼다고 표현하셨지만, 회사의 판단은 그것과 다를 수도 있습니다. 회사의 입장에서 개인의 사정까지 봐주기는 어렵다는 것이죠.

일의 가치는 변화한다

일이 가진 대표적인 속성은 계속해서 변화한다는 겁니다. 전공에 맞춰 정해진 일만을 수행할 수는 없죠. 저 역시 처음 직장 생활을 할 때는 전공과 전혀 상관없는 일을 했습니다. 한동안은 생산직에 있다가 영업을 하게 됐고, 그 다음엔 재무, 기획, 인사의 영역까지 맡게 됐죠.

제가 관련해서 예시를 들 때 사용하는 표현이 있습니다. '피아니스트는 음악가가 아니라 기능직이다'라고요. 그들은 악보를 보고 음악을 연주합니다. 음악가가 되려면 작곡을 해야죠. 그런데 작곡하는 음악가라고 해서 끝은 아닙니다. 음악은 물론이고 조각과 회화, 문학 등에도 조예가 깊어야 하는 예술가라는 단계가 있거든요. 예술가의 다음엔 인문학과 역사 등이 기다리고 있을 거고요.

한마디로 말해서, 일의 가치는 변합니다. 시대가 바뀌고 기업의 목표가 바뀌듯 변화하고 있죠. 그 변화에 맞춰 우리도 민감한 유연성을 지녀야 하지 않겠습니까?

사람 아닌 목표와 경쟁하라

조직에서 하던 일을 빼앗겼다고 할 때, 어떤 특정한 사람을 두고 이야기하는 것이라면 다시 생각해 볼 필요가 있습니다. 사람과 경쟁하는 것만큼 가치가 낮은 일이 없거든요. 완전히 구시대적인 관점이죠. 우리가 경쟁해야 할 대상은 목표입니다. 성과죠. 새로운 일을 맡았다는 건 곧 새로운 성과를 바라보게 되었다는 뜻이죠. 그 새로운 성과를 내기 위한 노력이 지금부터 내가 해야 할 일이 아닌가요?

내가 맡게 된 일을 보다 객관적으로 바라보세요. 객관적으로 바라보면 지혜가 생깁니다. 이 상황이 사연자님께 더 좋은 기회가 될 수도 있다고 생각합니다. 내가 선택하지 않았지만 그럼에도 찾아온 기회를 인정할 수도 있다는 거죠.

❶ 할 수 있는 일에 집중하라
❷ 일의 가치는 변화한다
❸ 사람 아닌 목표와 경쟁하라

당장은 절망감이 엄습하겠지만, 너무 오래 속상해하지는 않으셨으면 좋겠습니다. 새로운 기회를 받아들이고 앞으로 나아가는 1인 기업으로 거듭나야 합니다.

12
직장생활 10년, 남는 게 없네요

> 지금의 직장에 입사한 지 어느덧 10년 차, 인생의 많은 부분을 함께한 이곳에서 저는 부쩍 회의에 빠져 있어요. '10년이면 강산도 변한다는데, 내가 이 직장에서 변화한 건 뭐지?' 싶어서요. 그때나 지금이나 저는 회사의 부품 중 하나로 쓰였을 뿐 개인으로서 발전한 것이 없었어요. 매일매일 닥치는 업무를 해결하고 지친 채 퇴근해서 또 다음날 출근을 준비하는 것이 제가 보낸 일상의 전부였죠. 언젠가 이 직장을 나올 때, '좋은 것을 얻어간다'고 느낄 자신이 지금의 제게는 없어요. 그건 너무 슬픈 일이죠. 하지만 어떻게 하면 좋을지를 모르겠어요.

정말 남는 게 없었을 것이라고는 생각하지 않지만, 아쉬움을 느끼는 그런 마음도 충분히 이해합니다. 오늘은 직장생활에서 충분히 얻어가는 법에 대해 함께 이야기를 나눠보려고 합니다.

따라가기보다 이끄는 삶을 살라

첫 번째, 따라가지 마세요. 직장생활 10년 차인 사연자님은 아마도 따라가는 것이 익숙할 겁니다. 한 조직에 오래 몸을 담고 있다 보면 내가 어디를 따라가야 하는지가 보이게 되거든요. 사실 리더십이란 건 누군가를 따라가는 일일 수도 있어요. 그런데 저는 왜 따라가지 말라고 하는 걸까요? 10년 차가 된 지금은 때가 아니라는 거죠. 이제부턴 누군가를 따라가기보다 끌고 가야 하는 거예요.

어떻게 생각해 보면 따라가는 건 쉬워요. 책임지지 않아도 되거든요. 그런데 직장을 나와서도 남들 뒤를 따라다니기만 할 건가요? 그러니 더는 의존하지 마세요. 누구 뒤에 줄 서지 마시고요. 이제부턴 누군가를 끌고 가는 삶을 사시길 바랍니다.

여러분이 주인공인 스토리를 만들어라

두 번째, 본인이 주인공인 스토리를 만드세요. 회사 안에서 어떻게 주인공이 되냐고요? 얼마든지 될 수 있습니다. '제가 하겠습니다' 하고 손을 들면 됩니다. 이렇게 하면 어떤 일이 벌어질까요? 여럿이 힘들어집니다. 원망의 눈빛을 받게 되실 수도 있습니다. 하지만 중요한 건 그런 게 아닙니다. 앞장서서 손을 든다는 건 내가 주인공이 된다는 겁니다. 내가 조직의 기준이 되고, 그 기준을 통해 갈등을 해결할 수 있다는 겁니다. 스토리가 바로 그런 거죠.

 한 가지 예를 들어볼까요? 여러분이 모교에 가서 강연할 기회가 생겼다고 해봅시다. 그때 여러분은 후배들에게 어떤 조언을 해주고 싶습니까? '상사한테 살살 기어라'보단 '적극적으로 손을 들어라'라고 이야기하고 싶지 않겠습니까? '나는 이렇게 손을 들어서 성과를 냈다.'하고 감동을 주고 싶지 않겠습니까? 그건 너무나 당연한 겁니다. 여러분이 이직하거나 사업을 벌이게 되어도, 직장에서 만든 스토리 하나는 한 줄의 스펙보다도 큰 힘을 줄 겁니다.

▎박수받으며 떠나라

 세 번째, 이게 가장 중요한데요. 퇴사가 머지않지 않았습니까? 언젠가 이 회사를 나가게 될 때, 꼭 박수받고 떠나세요. 손해를 감수하든 성과를 내든, 뭐든 해내서 과감하게 떠나세요. 지금 당장은 회사를 떠나면 내가 굶어 죽게 될 것 같죠? 사람이 그렇게 쉽게 굶어 죽지 않습니다. 그때 박수를 받았던 경험으로 나머지 인생을 살아보십시오. 저는 그게 가능하다고 생각합니다.

❶ 따라가기보다 이끄는 삶을 살라
❷ 여러분이 주인공인 스토리를 만들어라

❸ 박수받으며 떠나라

마무리하기 전, 여러분이 한 가지 명심해야 할 점이 있습니다. 직장 내에서 해내지 못했던 것을 직장 밖에서 해낼 수는 없다는 겁니다. 모두에게 박수받는 스토리를 만들어, 값진 것을 만들어 내는 여러분이 되었으면 좋겠습니다.

차별화된 콘텐츠로
수익 시스템을 만들라

　콘텐츠의 홍수 속에서 나만의 색깔을 찾고 이를 수익으로 연결하는 것은 많은 1인 기업가와 창작자들의 고민입니다. 단순히 콘텐츠를 생산하는 것만으로는 지속적인 수익을 창출하기 어렵습니다. 중요한 것은 차별화된 콘텐츠를 통해 고객과의 신뢰를 구축하고, 이를 기반으로 비즈니스 모델을 형성하는 것입니다.

▍차별화된 콘텐츠란 무엇인가?

　차별화된 콘텐츠란 단순히 새로운 정보나 시각을 제공하는 것이 아니라, 특정 고객층의 니즈를 깊이 이해하고, 그들에게 유용한 해결책을 제공하는 것입니다. 같은 주제라도 접근 방식에 따라 콘텐츠의 가치가 달라집니다. 예를 들어, 단순히 '감사 일기 쓰기'라는 개념을 전달하는 것이 아니라, '감사할 수 없는 환경에서도 감사를 실천하는 방법'이라는 세부적인 문제 해결 방법을 제시하면 콘텐츠의 차별성이 높아집니다.

고객이 원하는 것은 단순한 정보가 아니라, 그들이 해결하지 못한 문제에 대한 명확한 솔루션입니다. 따라서 내 콘텐츠가 고객이 가진 구체적인 문제에 대해 실질적인 도움을 줄 수 있는지를 지속적으로 점검해야 합니다.

나의 콘텐츠를 어떻게 차별화할 것인가?

1인 기업가가 콘텐츠를 차별화하려면 자신의 핵심 가치를 명확히 하고, 그것을 기반으로 콘텐츠를 설계해야 합니다. 이를 위해 다음과 같은 전략이 필요합니다.

(1) 고객의 '진짜 문제'를 발견하기

대부분의 고객은 자신의 진짜 문제가 무엇인지 정확히 알지 못합니다. 따라서 콘텐츠 제작자는 고객의 질문을 분석하고, 그들이 해결하고자 하는 핵심 문제를 찾아야 합니다. 예를 들어, '글쓰기 교육'을 제공한다고 했을 때, 단순히 글을 잘 쓰는 법을 알려주는 것이 아니라, '자신의 생각을 효과적으로 전달하는 방법'이나 '브랜드를 성장시키는 글쓰기 전략'처럼 보다 구체적인 문제 해결형 콘텐츠를 제공하는 것이 중요합니다.

(2) 질문을 콘텐츠로 전환하기

질문은 곧 콘텐츠의 원천입니다. 고객들이 자주 묻는 질문을 정리하고, 이에 대한 명확한 답변을 콘텐츠로 만들어야 합니다. 예를 들어, '왜 나는 꾸준히 콘텐츠를 만들지 못할까?'라는 질문에 대해 '꾸준히 콘텐츠를 만들기 위한 시스템 구축법'이라는 콘텐츠를 제공하면 고객의 니즈에 부합하는 차별화된 콘텐츠가 될 수 있습니다.

(3) 경험 기반의 콘텐츠 제작하기

사람들은 이론보다 경험에서 나온 콘텐츠에 더욱 공감합니다. 직접 경험한 실패와 성공 사례를 콘텐츠에 녹여내면 신뢰도를 높일 수 있습니다. 단순히 "이렇게 하면 됩니다"라고 말하는 것이 아니라, "나는 이렇게 해서 실패했고, 이렇게 바꿔서 성공했습니다"라는 스토리를 담으면 차별성이 생깁니다.

차별화된 콘텐츠를 수익으로 연결하는 방법

콘텐츠가 차별화되었다면 이제 이를 수익화하는 방법을 고민해야 합니다. 콘텐츠의 수익화는 단순히 광고 수익에 의존하는 것이 아니라, 구독 모델, 유료 콘텐츠, 컨설팅, 강의, 제품 판매 등 다양한 방식으로 이루어질 수 있습니다.

(1) 유료 구독 모델 활용하기

무료 콘텐츠를 통해 신뢰를 구축한 후, 보다 깊이 있는 정보를 원하는 고객들에게 유료 구독 모델을 제공하는 방식입니다. 예를 들어, 블로그나 뉴스레터를 운영하면서 '고급 콘텐츠는 구독자 전용'으로 제공하는 방식이 가능합니다. 이는 지속적인 수익 창출이 가능하다는 장점이 있습니다.

(2) 프리미엄 콘텐츠 제공하기

일반적인 정보는 무료로 제공하되, 보다 전문적이거나 깊이 있는 정보를 제공하는 콘텐츠를 유료화할 수 있습니다. 예를 들어, 글쓰기 강의를 운영하는 경우, 기본적인 글쓰기 팁은 무료로 제공하고, 실제로 글을 교정해 주거나 심층적인 피드백을 제공하는 서비스는 유료로 운영할 수 있습니다.

(3) 개인 브랜드를 활용한 강의 및 컨설팅

콘텐츠를 통해 신뢰를 얻었다면, 이를 기반으로 강의나 컨설팅을 진행할 수 있습니다. 고객들은 단순한 정보보다 1:1 맞춤형 조언을 받을 수 있는 기회를 더욱 가치 있게 생각합니다. 따라서 나만의 콘텐츠를 구축한 후, 이를 강의 및 컨설팅으로 연결하는 전략이 필요합니다.

차별화된 콘텐츠를 꾸준히 생산하고 이를 수익으로 연결하는 과정에서 가장 중요한 것은 지속 가능성입니다. 이를 위해서는 자동화된 시스템과 효율적인 운영 방식을 고민해야 합니다. 나만의 콘텐츠를 차별화하고 이를 수익으로 연결하는 것은 단순히 창작의 문제가 아니라 비즈니스 전략의 문제입니다. 고객의 진짜 문제를 파악하고, 이를 해결할 수 있는 콘텐츠를 제공하는 것이 핵심입니다. 또한, 단순히 정보 제공을 넘어, 신뢰를 기반으로 한 유료 모델을 구축하고, 지속적인 콘텐츠 운영 시스템을 만드는 것이 중요합니다.

 차별화된 콘텐츠를 통해 자신의 브랜드를 구축하고, 이를 통해 경제적 자유를 이루는 것은 누구에게나 가능한 일입니다. 중요한 것은 지속적으로 질문하고, 그 질문에 대한 답을 콘텐츠로 만들어 가는 과정입니다. 결국, 좋은 콘텐츠는 고객의 질문에 대한 가장 명확한 답변에서 시작됩니다.

14
나의 강점을 온라인으로 브랜딩하라

강점 연결가 이지선, 그릿아카데미를 운영하고 있으며 현재 1인 기업 블로그 전문 강사이자 온라인 비즈니스 활용 연구소를 운영하고 있습니다. 3040 육아맘들을 온라인 강의 데뷔로 이끄는 컨설팅을 전문적으로 진행하고 있고, 사람들의 강점을 발견하여 그들이 성장할 수 있도록 돕는 역할을 합니다.

(1) 자기소개 좀 해주시겠어요?

저는 1년 차 1인 기업을 하고 있는데요. 3040 엄마들의 온라인 멘토로서, 초등학교 1학년과 7세의 두 딸과 남편과 함께 살아가고 있습니다. 그릿블챌이라고 불리는, 온라인 습관 챌린지를 운영하면서 전자책을 만드는 것을 돕는 역할을 하고 있습니다. 암묵지였던 것들이 형식지가 되면서 그들의 강의 콘텐츠가 될 수 있도록, 일과 가정을 양립하고 싶은 3040 엄마들을 위해서 노력하고 있습니다.

(2) 김형환 교수님을 어떻게 만나게 되셨어요?

최서연 대표님을 통해서 자기계발 세계를 알게 되었고, 그다음에는 김상미 대표님 덕분에 강의 세계를 알게 되었어요. 그리고 김형환 교수님을 함께 알게 되었고요. '고마워 디자이너' 최덕분 대표님께 남편 관련 상담을 받으면서 좀 더 접점이 생긴 것 같아요. 그러면서 여러 명의 대표님 덕분에 성장하게 되었어요. 김미경 작가님의 〈리부트〉라는 책을 읽고 디지털 트랜스포메이션에 대한 영감을 받고 난 뒤에 온라인에 대한 생각을 더 하게 된 것 같아요.

(3) 어떻게 온라인 활동을 처음 시작하게 되었나요?

저는 그동안 제가 해왔던 활동들을 온라인에 기재하기 시작했어요. 육아서를 읽고 사람들에게 제가 가진 육아의 팁 등을 블로그에 연재하기 시작했고요. 온라인 활동에 집중하다 보니, 오프라인은 엉망이었어요. 집안 상태나 정리 정돈이 말도 아니었고요. 신랑과도 다투고 제가 경제력이 없다 보니 카드를 뺏기기도 했고요. 새벽 기상을 하지 못했다는 사실이 스트레스가 되어서, 그것 때문에 항생제를 복용하기도 하고 시댁 식구들이 저를 못마땅해하기도 했어요.

(4) 극복 과정이 궁금합니다

당시 줌으로 김형환 교수님을 찾아뵈었는데, 교수님이 저에게 온라인으로 제가 처한 고민에 대한 상담을 해주셨습니다. 블로그에 제가 줌을 하다가 남편과 싸우는 그런 과정을 블로그에 연재했어요. 가족들과 싸우게 된 이야기를 블로그에 남기기도 하고, 말을 예쁘게 하는 방법을 나누기도 했죠.

(5) 가족분들도 그 뒤로는 대표님의 길을 응원해 주셨나요?

최덕분 대표님을 멘토 인터뷰를 하게 되면서, 제가 쓰는 단어를 바꾸고, 장점의 씨앗을 뿌리기 시작했습니다. 계속 온라인에서 저의 기록을 남기기 시작했고, 남편에게 카톡으로 고맙다고 이야기를 남기거나 줌에서 후기를 받으면 남편에게 덕분이라고 이야기를 전달하며 제가 받은 응원의 카톡을 보내주고 공유했죠. 그리고 남편을 응원했어요. 시댁도 자주 찾아뵙고요. 시어머님께 한 시간만 양해를 구하고, 시댁 근처에 사는 1인 기업 분들을 만나기도 했어요. 일과 식구를 챙기는 일을 병행했습니다.

(6) 온라인에 나만의 경험을 남긴 과정도 궁금해요

제가 전자책을 쓰다 보니까, 다들 쉽게 쓰시는 줄 아시는데, 빠른 실패를 경험한 결과의 일입니다. 뭐든 처음부터 쉽지 않았거든요. 처음에는 전자책을 등록할 때, 거절과 반려가 기본값이었어요. 전자책을 통해서 빠른 실패를 경험하고, 계속해서 기록을 남기고 도전하는 등 꾸준하게 기록하는 힘을 기르기 시작했어요. 작은 아웃풋들을 블로그에 기록하기 시작했습니다.

(7) 프리미엄 콘텐츠를 연재하는데, 콘텐츠를 운영하면서 가장 중요시 하는 건 뭔가요?

저는 '사람'이에요. 무슨 일을 하든지 사람이 먼저! 프리미엄 콘텐츠를 발행하면서, 메일로 사람들과 함께 긴밀하게 소통하기도 하고, 온라인으로 사람들과 함께 소통하다 보니 어느덧 79개의 프리미엄 콘텐츠가 쌓이기 시작했습니다. 이 모든 과정의 힘이 사람들과의 소통이 아닐까 싶어요. 43명의 엄마와 함께 온라인에서 자신의 기록을 남기고 강의로 함께 소통시켜 주는 연결의 일을 계속 지속하고 있어요.

(8) 1인 기업 과정에서 가장 많이 배운 것은 무엇인가요?

1인 기업 프로과정에서 제가 배운 것은 비즈니스 마인드입니다. 계속해서 교수님처럼 길을 똑같이 가게 되고, 사람들과 함께 하는 게 너무 좋아요. 다른 사람들도 교수님처럼 1인 기업가로서 성장하고 비즈니스를 하게 되니까요. 저도 교수님처럼 사람을 살리는 일을 하고 있습니다.

나만의 콘텐츠 없이
SNS부터 시작하면 안 되는 이유

저는 오랫동안 많은 사람들과 대화를 나누며, 특히 젊은 세대와 많은 교류를 했습니다. 그중에서도 1인 기업을 꿈꾸는 이들에게 꾸준히 전하는 메시지가 하나 있습니다. 바로, "주제 없이 SNS를 시작해서는 안 된다"는 것입니다. 여러 번 말씀드렸지만, 1인 기업을 하겠다는 결심을 하고 SNS에서 첫발을 내딛는 순간, 가장 중요한 것은 자신의 주제를 명확히 설정하는 일입니다.

많은 사람들이 사업을 시작하면서 '이렇게 해야 성공할 것이다'라는 막연한 생각을 가집니다. 오늘의 주인공인 이성민 씨도 그랬습니다. 성민 씨는 어린 자녀를 위한 영어 교육 콘텐츠를 제공하며, SNS를 통해 더 많은 부모와 소통하고 싶어 했습니다. 하지만 무엇을, 어떻게 다뤄야 할지에 대한 명확한 그림이 없었고, 여러 번 방향을 잃고 고민했습니다.

여러 아이디어가 떠오를 때마다 그 방향을 잡지 못해 맥이 빠지곤 했습니다. 제가 성민 씨에게 했던 말은 "너의 SNS 계정을 팔로우할 이유를 팔로워에게 명확히 전달할 수 있어야 한다"는 것이었습니다. 팔로워들은 단순히 재밌는 콘텐츠를 보기 위해, 유익한 정보를 얻기 위해 팔로우하지 않습니다. 그들이 팔로우하는 이유는 그 콘텐츠를 만든 사람이 어떤 사람인지, 어떤 가치를 전달하는지에 대한 신뢰가 있기 때문입니다.

주제의 부재는 목표의 부재로 이어진다

우리는 성민 씨와의 대화에서 그 점을 분명히 했습니다. 주제 없이 시작하면 목표도 없이 흩어지게 된다는 것입니다. 성민 씨가 처음 SNS 활동을 시작했을 때, 틱톡과 라이브커머스 등 다양한 콘텐츠 아이디어를 생각해 내곤 했지만, 그것들은 서로 이어지지 않고 흩어졌습니다. 저는 그에게 이렇게 말했습니다.

"주제가 명확하지 않으면 팔로워들은 네가 무엇을 하고 싶은지 모르고, 결국 네 계정을 팔로우할 이유가 없어질 것이다."

이 말이 성민 씨에게는 큰 깨달음이었고, 그 후로는 자신의 주제를 영어 교육과 부모들을 위한 정보 제공으로 확실히 정하고, 그에 맞는 콘텐츠를 꾸준히 만들어 갈 준비를 하기 시작했습니다. 주제가 명확하고 일관되게 콘텐츠를 생산하는 것, 그것이 바로 1인 기업의 첫걸음입니다.

팔로워와의 신뢰를 쌓는 법

SNS에서 가장 중요한 것은 신뢰입니다. 팔로워는 그저 정보를 얻기 위해 팔로우하지 않습니다. 팔로워들은 그 사람이 어떤 가치를 가지고 있는지, 어떤 사람인지에 대한 신뢰가 있기 때문에 팔로우를 결심합니다. 성민 씨는 '자신의 주제를 명확하게 하고, 그 주제에 충실한 콘텐츠를 꾸준히 제공하는 것'이 팔로워와의 신뢰를 쌓는 첫걸음임을 깨달았습니다. 그 주제에 집중하면서 팔로워들과의 신뢰 관계를 점차 쌓아가게 되면, 팔로워들은 성민 씨를 믿고 콘텐츠를 지속적으로 준비하게 될 것입니다.

반면에 주제가 없이 콘텐츠를 만들게 되면, 팔로워들은 그 사람을 신뢰하기 어려워합니다. 그들이 팔로우한 이유가 무엇이었는지, 계속해서 궁금해지게 되는 것이죠. 결국, 콘텐츠의 질이 아무리 좋고 유익해도 팔로워들의 관심을 끌기 어려워지고, 그 결과 SNS 계정의 영향력이 축소될 수밖에 없습니다.

콘텐츠 생산이 쉽지 않다

성민 씨는 처음에 콘텐츠 아이디어가 부족하거나 일관성이 없어서 콘텐츠 제작에 어려움을 겪었습니다. '오늘은 무엇을 다뤄야 할까?'라는 고민이 끊임없이 떠오르며, 콘텐츠 제작이 어려워졌습니다. 이런 상황에서 제가 말한 것은 "주제가 없다면 콘텐츠 아이디어가 점점 더 빈약해지고 일관성 없이 흩어질 것이다"라는 것이었습니다.

콘텐츠는 단순히 생각나는 대로 만들어지는 것이 아닙니다. 주제를 명확히 설정하고 그 주제에 맞는 콘텐츠를 꾸준히 만들어 나가야 합니다. 그러면 자연스럽게 콘텐츠가 어떤 방향으로 가야 할지, 어떤 아이디어가 필요한지에 대한 고민을 덜 수 있게 됩니다. 주제가 확실하면 콘텐츠를 만들 때마다 아이디어가 떠오르고, 그 콘텐츠가 점점 더 탄탄하게 쌓여가게 됩니다.

1인 기업의 성공을 위한 시작, '나만의 콘텐츠 찾기'

성민 씨가 주제를 정한 후, 콘텐츠 생산에 있어 많은 변화가 있었습니다. 그녀는 더 이상 '오늘 무엇을 할까?'를 고민하지 않았고, 콘텐츠에 집중할 수 있게 되었습니다. 주제를 찾고 그것에 충실하게 콘텐츠를 만들어 가는 과정은 단순히 SNS 활동에만 그치지 않습니다. 나만의 사명을 가진 1인 기업으로서의 성공적인 시작이었고, 그 이후로 성민 씨는 자신의 브랜드를 더욱 분명하게 확립하고, 팔로워들과의 관계를 강화하는 데 집중할 수 있을 것입니다.

여러분이 1인 기업으로서 SNS를 통해 자신만의 브랜드를 만들고 싶다면, 가장 중요한 것은 명확한 주제를 설정하는 일입니다. 주제 없이는 아무리 좋은 콘텐츠를 만들어도 지속적인 성장을 이루기 어렵습니다. SNS 활동은 단기적인 결과를 얻기 위해서가 아니라, 지속적으로 발전할 수 있는 기회를 만들어 가기 위한 첫걸음입니다. 나만의 주제를 찾고, 그 주제에 대해 충실하게 콘텐츠를 만들어 가면서 팔로워들과 신뢰를 쌓아가다 보면, 1인 기업으로서의 성공도 자연스럽게 따라올 것입니다.

3-STEP

인간관계 소통의 기술

직장과 가정, 사회에서
관계의 갈등을 풀고 신뢰를 세우는 법

조직에서든 가정에서든 '소통'이 핵심
다양한 관계에서 갈등을 줄이고 신뢰를 쌓는
리더십을 발휘하는 노하우가 필요합니다.

01
상대를 효과적으로 설득하는 방법

> 혼자서 뛰고 있는 1인 기업으로서, 설득을 자주 해야 하는 편입니다. 고객을 설득하고, 또 거래처를 설득하고, 어떨 때는 우리 가족들까지 설득해야 하죠. 설득은 언제나 어렵습니다. 상대방에게 마냥 맞춰주자니 제가 손해를 보게 되고, 제 이득을 챙기자니 상대방의 기분이 상하게 되어 언제나 좋은 결과를 보기 어렵거든요. 어떻게 해야 상대방과의 관계도 챙기고 제가 원하는 결과도 얻을 수 있을까요?

상대를 설득하는 법, 사람들이 혹하기 좋은 주제입니다. 뭔가 신통한 묘안이 있을 것 같고, 그런 제목의 책이 있다면 열어보고 싶고…. 그런데 사람을 대하는 일이 정해진 공식처럼 딱 들어맞지만은 않습니다. 사람들은 서로 다르기 때문이죠. 남의 방법을 따르기보단 여러분만의 방법을 찾아보았으면 하지만, 그럼에도 몇 말씀 드리고자 하니 참고만 해주었으면 좋겠습니다.

관심으로 관계를 형성하라

설득한다는 건 불편할 수밖에 없는 일이죠. 잘못했다간 서로 감정만 상하는 결과를 초래할 수 있으니까요. 그래서 필요한 것이 첫 번째, 관계 형성이에요. 관계를 형성하기 위해선 내가 하고 싶은 이야기를 하기보단 상대방의 이야기를 먼저 들어주는 것이 중요해요. 밥을 먹고, 차도 마시고, 산책도 하면서요. 유의할 점은 무리 지어 있기보단 단둘이 있는 것이, 밀폐된 장소보단 개방된 장소에서 보는 것이 상대방과의 관계를 형성하기에 좋다는 거예요.

그렇게 준비된 환경에서 상대방과 이야기를 나누며 그가 어디에 관심을 두고 있는지를 살펴보세요. 그 관심에 어떤 가르침을 주려고 하지 마시고, '네가 가진 관심사에 나도 관심이 있다'는 걸 보여주세요. 성심성의껏 경청하며 열심히 질문해 주는 거죠. 사람은 이야기하는 것을 좋아하는 동물이에요. 나의 이야기를 잘 들어주며 관심을 보이는 사람에게 마음을 열지 않기란 힘들 거예요.

▎상대방의 욕구를 알아주어라

협상할 때 보면 서로 간에 더 이상 양보할 수 없는 한계점이라는 게 있죠. 그 한계점을 마주했을 때 우리가 할 일은 그저 밀어붙이는 게 아니라 상대방의 욕구가 무엇인지를 들여다보는 거예요. 그것을 두고 가만히 생각해 보면, '여기까지는 내가 양보해도 되겠다' 싶은 게 보여요. 물론 손해만 볼 수는 없겠죠. 하지만 내가 취할 이득만 먼저 생각해서는 협상이 이뤄지지 않아요. 그러니까 상대방이 가진 욕구를 먼저 알아주고 안심을 시켜주는 것이 중요해요.

▎약간의 손해를 감수하며 조율하라

나의 욕구를 감추고 상대방의 이익을 먼저 제시했을 때, 상대방은 무장 해제될 수밖에 없어요. 그렇게 분위기가 풀어졌을 때 내가 원하는 것을 말하며 서로 조율을 해나가는 거죠. 앞서서 그런 배려를 받은 상대방은 아마 크게 반발하지 않고 도장을 찍어줄 확률이 높아요. 그 과정에서 약간의 손해를 보게 될 수도 있지만, 원래 조율에는 일정의 희생이 따르는 법이에요. 손해를 감수하는 것보다 최악인 상황은 협상 자체가 엎어지는 일이겠죠. 그러니까 너무 과하게 자존심을 세우지 마세요.

❶ 관심으로 관계를 형성하라
❷ 상대방의 욕구를 알아주어라
❸ 약간의 손해를 감수하며 조율하라

내 이득만을 생각하고 강요한다면 당장 손해를 볼 일은 없을지도 모르겠습니다만, 그것을 좋은 설득이라고 이르기는 힘들 것입니다. 상대의 이야기를 들어줌으로써 그의 마음까지 얻으시게 될 겁니다.

02

리더를 맡았어요!
무엇부터 할까요?

> 몸담은 모임에서 리더를 맡게 되었습니다. 살아오면서 리더라는 직책과는 연이 없던 터라 굉장히 뜻밖의 일이었는데요. 의욕이 샘솟기도 하지만 기쁘기만 하다면 물론 거짓말일 것입니다. 제가 이 조직을 더 좋은 쪽으로 이끌 수 있을지, 어떨지, 사실 많이 부담스럽거든요. 이런 상황에서 제가 무엇을 해야 할까요?

리더의 자질은 모든 사람이 가지고 있지만, 리더의 기술을 가진 사람은 아주 소수입니다. 이 기술을 터득하지 못하고 자질만 떨친다면 그야말로 '리더질'을 하는 셈이 되겠죠.

오늘은 좋은 리더가 되는 기술에 대해 여러분과 함께 이야기 나눠보도록 하겠습니다.

조직의 존재가치를 따르라

리더를 맡게 되면 욕심이 앞서기 마련입니다. '팀원들을 잘 이끌어야지' '전에 없었던 우수한 성과를 만들어야지' 하고 강박 아닌 강박에 자신을 가두게 되죠. 그 초조한 생각에서 벗어나는 것이 지금의 급선무라고 할 수 있겠습니다. 어떤 일을 하든지 간에 잘해야 한다는 욕심이 생기면 몸이 굳게 되거든요. 약간의 데미지도 견디기가 어려워지죠.

많은 사람들이 착각하고 있지만, 리더에게 필요한 것은 사람들을 이끄는 능력이 아닙니다. 리더십은 곧 팔로우십입니다. 여러분이 리더를 맡았다는 건 여러분의 휘하에 있는 조직이 생겼다는 뜻일 겁니다. 그렇다면 그 조직이 존재하는 이유는, 여러분이 그 조직에 리더로 존재하는 이유는 무엇입니까? 그것을 따르는 것이 곧 여러분이 리더로서 발휘해야 하는 팔로우십입니다.

해야 할 일과 하지 말아야 할 일을 알아라

두 번째, 여러분이 리더로서 통제할 수 있는 일을 찾아야 합니다. 그 일에서 가장 단기적으로 도출해 낼 수 있는 성과를 셈해 보는 겁니다. 예를 들어, 리더가 된 여러분은 모임을 주최할 수도 있습니다. 그렇다면 당장의 문제는 '첫 번째 모임에 몇 명이 와야 하는가?'이고, 다음 문제는 '그들이 오게 하려면 무엇을 해야 하는가?' 입니다. 여러분은 여기에만 집중하면 되는 겁니다.

명심해야 할 점은 처음부터 너무 장황한 꿈을 꿔선 안 된다는 겁니다. 장기적인 계획을 세우는 것도 좋지만 가장 중요한 건 지금 당장 해야 할 일이 무엇인지를 아는 것입니다. 그리고 또 하나, 해야 할 일을 아는 것만큼 중요한 것이 있는데 바로 하지 말아야 할 일을 아는 것입니다. 이 두 가지는 언제나 같이 가야 합니다.

▎지금 당장 할 일을 시작하라

모든 리더의 공통점은 임기가 있다는 겁니다. 임기 내의 시간 관리에 실패하면 이도 저도 못 한 채로 모든 것이 끝나게 된다는 거죠. 그러니 미뤄선 안 됩니다. 여러분이 임기 내에 해야 할 일들을 추려서 지금 당장 할 수 있는 일부터 시작해야만 합니다.

❶ 조직의 존재가치를 따르라
❷ 해야 할 일과 하지 말아야 할 일을 알아라
❸ 지금 당장 할 일을 시작하라

'즉시 해야 할 일'들의 공통점은 몹시 소소하고, 초라하고, 미천한 일이라는 겁니다. 그런 일부터 시작하는 것이 리더가 맡은 가장 중요한 업무가 아닐까 생각합니다.

03
상대의 마음을 얻는 법

> 세상에서 가장 어려운 것 중 하나가 사람의 마음을 얻는 일이라고 저는 생각합니다. 상대에게 잘해주려고 아무리 노력해도 만사가 짜인 이야기처럼 돌아가지는 않으니까요. 지난날의 저는 사람을 대하는 데 서툴렀던 것 같습니다. 마음이 앞선 탓인지 때로는 뜻밖의 오해를 사기도 하고, 내 편으로 만들었다고 생각한 상대가 등을 돌린 적도 있었죠. 이제는 마음이 가는 대로 행동하기보단 어떤 전략을 세우는 것이 좋겠다고 생각됩니다. 제가 어떻게 하면 좋을까요?

일과 삶에서 인간관계를 맺을 때, 그들의 마음을 얻는 것은 중요한 일입니다. 꼭 사적인 관계가 아니라고 하더라도 신뢰를 얻기 위해선 그 사람의 마음을 움직여야만 하죠. 오늘은 사람의 마음을 얻는 법에 대해서 함께 이야기 나눠보겠습니다.

때를 기다려라

마음을 얻는 첫 번째 방법은, 때를 기다리는 거예요. 내가 도움을 준다고 해서 그 사람에게도 반드시 도움이 되는 것은 아니라는 걸 알아야 해요. 그러니 무작정 도움을 주기보단 그 사람에게 도움이 필요할 때까지 기다리는 것이 옳겠죠. 기다린다는 것은 상대방이 내게 도움을 요청할 때까지 기다리라는 게 아니라, 그 '때'를 기다리라는 거예요. 그 때를 기다리지 못하면 나중에 후회하게 될 수도 있어요.

그의 마음에 대해 묻고 들어주어라

마음을 얻는 가장 핵심적인 방법은 물론 공감을 해주는 거겠죠. 우리가 누군가에게 공감하고자 할 때 꼭 필요한 것이 바로 질문이에요. 그 사람의 마음이 어떤지 지레짐작하거나 평가하지 말고, 다만 물어보라는 거예요. "요즘 마음이 어떠세요?" 하고요.
우리가 누군가의 마음을 묻는 것이 특별히 어려운 일은 아니에요. 하지만 사람은 귀와 입을 동시에 움직일 수 없거든요. 들을 때는 듣기만 하고요, 말할 때는 말만 해요. 그러니까 상대방에게 진심으로 공감하기 위해선 질문을 던진 후 본격적으로 들어주어야 한다는 거죠. 마음이 어떠냐고 물으며 관심을 가져주는, 그 태도가 중요한 거예요.

사실 우리가 어떤 일을 열심히 하다 보면 괴리감에 빠질 수가 있어요. 일은 버겁고, 성과는 있는데 나는 없는 것 같은, 그런 일들이 굉장히 많이 벌어지거든요. 그런 상황에 처한 누군가의 마음을 알고 받아준다는 건 굉장히 의미 있는 행동이에요.

❙ 헌신과 희생을 아낌없이 베풀어라

세 번째, 우리가 그 사람의 마음을 알았다고 칩시다. 그다음 해야 할 행동이 뭘까요? 바로 헌신과 희생입니다. 헌신과 희생이라는 노력이 들어가지 않으면 그 사람의 마음을 완전히 얻었다고 확신할 수 없게 돼요. 그러므로 상대를 대할 때는 약간의 인색함도 없어야 합니다. 결정적인 순간에 사람의 마음을 얻을 수도 있지만 결정적인 순간에 마음을 잃어버릴 수도 있는 일이거든요.

그렇다면 우리는 대체 언제 누군가의 마음을 잃어버리게 될까요? 바로 잘될 때예요. 뭔가 잘 되고 있을 때, 옆에 뵈는 게 없을 때 사람은 그런 실수를 범할 수 있습니다. 그런 순간을 잘 관리해야만 상대의 마음을 온전히 얻을 수 있겠습니다.

❶ 때를 기다려라
❷ 그의 마음에 대해 묻고 들어주어라
❸ 헌신과 희생을 아낌없이 베풀어라

누군가의 마음을 얻는 것은 회사에 다니든, 사업을 하든 간에 상관없이 중요한 일입니다. 우리가 돈을 벌고자 노력하는 것은 소비자의 마음을 얻고자 하는 것과 같죠. 내가 누군가를 가르친다면 배우는 사람의 마음을 얻고자 하는 것과 같을 거고요. 내가 성공하고자 한다면 내 성공을 원하는 사람들의 마음을 얻고자 하는 것과 같을 겁니다.

04

상대의 자존감을 높이는 법

낮은 자존감으로 힘들어하는 주변 사람을 볼 때 안타깝습니다. 특히 가까운 가족이나 친구가 힘들어하는 것을 보면 무엇이라도 해주고 싶어 더욱 애를 태우게 되지요. 하지만 대체 어떤 말을 건네야 그들이 좋아질 수 있을지를 모르겠기에 저는 항상 주저하게 됩니다. 제가 어떻게 하면 그들의 자존감을 올릴 수 있을까요?

오늘은 본론에 들어가기에 앞서 책 한 권을 소개해 보려고 합니다. 정혜선 박사가 집필한 〈당신이 옳다〉는 책인데요. 이 책을 한 번 읽어보신 후 오늘의 이야기를 들으시면 더욱 좋은 시간이 될 것이라고 저는 생각합니다.

▌그 일을 중요하게 여겨라

그에게 꼭 그럴듯한 말을 건네야 하는 건 아닙니다. 할 말이 없다면 하지 않아도 됩니다. 중요한 것은 그 사람의 자존감을 올려주기 위해 내가 이 자리에 있다는 것에 의미를 두는 겁니다. 그 일이 진심으로 중요한 일이라고 여기는 것입니다. 그것이 첫 번째입니다.

중요한 일의 반대말이 뭘까요? 바로 먹고 사는 일입니다. 누군가에게 무언가 얻어야 한다고 생각하는 것이 바로 먹고 사는 일이죠. 하지만 우리가 그 사람과 함께 대화를 나누는 일이 먹고 사는 일은 아니지 않습니까? '반드시 해야 하는 일'이라는 의무감과 부담감으로 여러분 자신까지 괴롭힐 필요는 전혀 없다는 겁니다.

그의 낮은 존재를 받아들여라

자존감(自尊感)이라는 글자에서 핵심이 되는 것은 당연 '존(尊)'입니다. 이 '존' 자가 '자(自)' 자를 끌고 가게 되죠. 그 사람의 '존재의 의미'를 먼저 알아주라는 겁니다. 그런데 그 존재가 어떤 존재냐면, 낮은 존재입니다.

우리가 그 사람을 끌어올리려고 하는 게 곧 자존감을 높여주는 거라고 생각하지만 그렇지 않습니다. 자존감을 높여준다는 건 그 사람의 낮은 존재를, 낮은 감정을 있는 그대로 받아들여 준다는 겁니다. 힘든 것은 힘들게. 아픈 것은 아프게. 인정해 주는 겁니다.

'당신이 옳다'

당신이 옳다고 말해주는 겁니다. 옳다는 것은 좋다는 것과는 관계가 없는 말입니다. '그거 좋은 생각이야'하고 '그거 옳은 생각이야'는 확연히 다른 의미를 가졌죠. 솔직하게 말씀드리자면 저는 좋은 생각의 반대말이 옳은 생각이라고 생각합니다. 좋은 생각은 남들과 비슷한 생각을 말합니다. 보편적인 시각에서 보았을 때 문제가 없는 생각. '우리 아이는 꼭 밝게 키우자' 같은 것이죠.

그런데 왜 옳다고 이야기하라는 걸까요? 그가 가진 낮은 존재와 낮은 감정. 여러 가지 상처. 그것들이 왜 옳다는 걸까요? 왜냐하면 그래야만 자기처럼 상처받은 사람을 이해할 수 있기 때문입니다. 그러니까 이 책을 집필한 정혜선 박사에게도 그런 상처가 있는 거겠죠. 받은 상처가 없는 사람이 상처를 가진 사람을 어떻게 이해하겠습니까? 헤어져 본 적 없는 사람이 헤어진 사람의 마음을 어떻게 이해하겠습니까?

좋다는 개념은 그것에서 끝이지만, 옳다는 개념은 결코 그것에서 끝나지 않아야 합니다. 그래서 정혜선 박사는 이 책을 통해 말해주고 싶었던 겁니다. 반드시 심리학을 전공하지 않았을지라도, 다른 사람의 마음을 받아주려고 노력하는 자신 같은 사람이 많아졌으면 좋겠다고요.

❶ 그 일을 중요하게 여겨라
❷ 그의 낮은 존재를 받아들여라
❸ '당신이 옳다'

오늘은 정혜선 박사의 책, 〈당신이 옳다〉를 바탕으로 상대의 자존감을 올리는 법에 대해 함께 이야기 나눠봤습니다. 여러분이 주변 사람들에게 긍정적인 영향을 미치는 사람이 되길, 그것으로 여러분 자신이 행복해질 수 있기를 바랍니다.

05

직원들과 소통이 안 돼요

> 요즘은 아침에 눈을 뜨면 한숨부터 나옵니다. '오늘도 회사에 가야 하는구나…'라는 생각 때문에 우울하거든요. 문제가 있다면 제가 사장이라는 점일 겁니다. 저를 회사에 가기 싫게 만드는 원인은 바로 저희 직원들입니다. 저희 직원들은요, 그냥 벽 같습니다. 중간보고를 안 하고, 회의를 할 땐 입을 꾹 다물고 있다가 일이라도 하나 주면 얼굴이 붉으락푸르락해져서 종일 뾰로통해 있죠. '요즘 무슨 일을 하고 있느냐'고 물으면 일을 하는 본인들조차 대답하지 못할 때도 많습니다. 전혀 소통이 안 되는 직원들을 대체 어떻게 다뤄야 하는지 모르겠습니다.

직원들이 사장과 소통하지 않으려고 하는 이유는 뭘까요? 본인이 하는 일이 중요하다고 생각하지 않기 때문입니다. 그 일이 중요하다고 이야기해 준 사람이 주변에 한 명도 없었거든요. 그런데 그런 직원들이 어떻게 자신의 일을 중요하게 여길 수 있겠습니까? 사장의 입장에선 그저 답답할 뿐인 직원들이지만, 그들에게도 나름의 불만과 고충이 있을 겁니다. 그것을 돌봐주고 이해해 주는 것이 사장이 해야 할 일이고요.

일의 가치를 일깨워 주어라

첫 번째, 그들이 하는 일이 얼마나 중요한 일인지를 자꾸 일깨워 주세요. 네가 하는 일에 얼마나 중요한 의미와 가치가 있는지를 자꾸 이야기해 줘야 해요. 어느 정도 성숙한 직원들은 일을 혼자 할 줄 알죠. 혼자서도 동기부여가 가능하기 때문이에요. 하지만 그렇지 않은 직원들은 자신이 하는 업무의 의미와 가치를 찾기가 너무 어렵습니다. 이유는 간단합니다. 아무도 이야기를 안 해줬으니까요.

그러니 직접 이야기해 주세요. '생각해 봤는데 자네가 이번에 맡은 일이 참 중요하네' '자네가 이런 일을 잘해서 믿고 맡길 수 있었어', 이건 단순한 칭찬의 문제는 아닙니다. 그저 내가 하는 일의 가치를 누군가가 객관적으로 알려주는 경험을 직원들에게 제공해 주어야 한다는 거예요. 사장이 해야 하는 중요한 일 중의 하나가 바로 그것이라고 저는 생각합니다.

그들의 강점을 알아봐 주어라

그런데 직원들의 자존감이라는 건 일의 가치만 알아서는 생겨나지 않아요. 물론 직원들이 맡는 일 전부가 그들의 강점을 발휘해서 하는 것이지만, 문제는 그들이 그런 것을 한 번도 생각해 본 적이 없다는 거예요. 자신의 강점이 무엇인지 생각해 본 적이 없기 때문에 '나는 강점이 없다'고 여기게 되는 거죠. 그 강점을 찾게 해야 해요. 그 직원의 태도나 행동, 일을 처리하는 과정에 어떤 강점이 있는지를 사장님이 보시고 알아주는 게 중요해요.

도무지 칭찬할 점이 안 보인다고요? 언뜻 봐서는 안 보이니까 찾아야 한다는 거예요. 어떻게든 칭찬할 점을 찾아서 그것의 의미와 가치를 이야기해 주세요. 내 강점을 알아주는데 기분 나빠 할 사람이 어디 있겠어요? 아무도 알아주지 않으니까 기분이 상하고 우울하고 집중도가 떨어지는 결과가 만들어지는 거 아니겠냐는 거죠.

모든 커뮤니케이션을 리스트업하라

이번엔 좀 더 본격적으로 업무적인 소통 방법을 알려드리려고 하는데요. 바로 모든 리스트업입니다. 회사에 출근했을 때, 새 프로젝트를 시작할 때, 회의가 끝났을 때 각각 직원들이 해야 하는 일을 1번부터 시작해서 번호를 매기는 겁니다. '이번 주까지 끝내야 할 일 1번, 2번, 3번……' 'A가 퇴근 전까지 끝내야 할 일 1번, 2번, 3번……' 이런 식으로 업무가 리스트업되어 있으면요, 일에 누수가 생기지 않습니다. 서로 일이 중복되고 누락되고 타이밍이 안 맞는 불상사가 발생하지 않는 거죠. 어떻게 보면 조직이 가지는 가장 큰 리스트를 보완할 수 있는 거죠.

리스트업을 할 땐 서로 커뮤니케이션한 것이 눈으로 명확하게 보일 수 있도록, 그 일이 완료되었는지의 여부가 O, X로 분명하게 구분되도록 만드는 것이 중요합니다. 그런 도구를 활용해야 직원들이 지금 자신이 해야 하는 일이 무엇인지를 알고 업무에 집중할 수가 있어요. 대충대충 덩어리로 흘려보내면 일을 주는 사람도 받는 사람도 지칠 수밖에 없습니다.

❶ 일의 가치를 일깨워 주어라
❷ 그들의 강점을 알아봐 주어라
❸ 모든 커뮤니케이션을 리스트업하라

직원과 소통이 안 되는 건 전적으로 사장의 책임이라고 생각합니다. 그들의 강점을 알아봐 주고, 칭찬할 일에 바로 칭찬을 해주며 인정해 주세요. 업무를 리스트업해서 바로바로 보고할 수 있는 환경을 만들어 주세요. 그런 것이 직원들과 소통할 수 있는 가장 좋은 방법이 아닌가 생각합니다.

06
상대가 경청 안 할 때 대처법

> 유독 아랫사람의 말을 듣지 않는 상사가 있습니다. 맞장구는 고사하고 상대방을 쳐다보지도 않죠. 상사가 저를 무조건 인정할 거라 기대하는 건 아니지만, 적어도 듣는 시늉 정도는 해주면 좋겠습니다. 에둘러 간언해도 통하질 않으니, 어떻게 해야 할지 모르겠습니다.

상급자에게 필요한 것은 경청이요 하급자에게 필요한 것은 간언이라고 합니다. 경청은커녕 다른 이의 말을 전혀 들을 줄 모르는 상사에겐 어떻게 간언하면 좋을까요? 보다 현실적인 세 가지 방법을 알려드리려고 합니다.

▍할 수 있는 행동을 꾸준히 하라

미국의 기업 GE의 전 CEO 잭 웰치는 혁신의 전도사였습니다.

만나는 사람마다 혁신해야 한다고 귀가 닳도록 말해댔다고 하죠. 그랬더니 하루는 어떤 직원이 "대체 언제까지 잔소리하실 겁니까?" 하고 불평했답니다. 그러자 잭 웰치는 말했죠. "자네가 바뀔 때까지 할 예정이네." 그리고 진짜 그 직원이 바뀔 때까지 얘기했답니다.

그저 할 수 있는 행동을 꾸준히 하는 것. 단순하면서도 어려운 일이죠. 그 일이 직장 상사에게 하는 간언이라면 더욱 그래요. 말하는 사람이 고민할 수밖에 없거든요. '언제 얘기하면 좋을까?' '어떻게 얘기하면 좋을까?' 고민하다가 이야기할 타이밍을 놓치게 되죠. 하지만 정답은 '일단 하는 것'이에요. 욕을 먹더라도 계속 말하는 거예요. 그건 대드는 게 아니에요. 감정적인 처사도 아니고요. 그 사람이 언제 내 말을 듣게 될지 모르니까 꾸준히 하는 겁니다. 여러 번 말하면 지겨워서라도 듣! 지! 않겠습니까?

그와의 관계를 쌓아라

사람들은 듣고 싶은 이야기만 듣습니다. 좀 더 정확하게는, '듣고 싶은 사람의 이야기'만 듣습니다. 그래서 우리가 만들어야 하는 것이 바로 그 사람과의 관계입니다. 두 사람 간의 관계는 두 사람끼리 있을 때 생겨나겠죠. 회사에서만 서로 얼굴 붉히지 마시고요. 같이 밥 한 끼 하시고, 술도 한잔하시면서 공감대를 만드세요. 그래야만 그 사람이 내 말을 잘 들어주지 않겠습니까?

'남의 말을 경청해 달라'고 요청하기 전에 일단 나의 말을 경청하게 만드는 게 중요하다는 겁니다.

그를 먼저 인정해라

그 상사가 경청하고 말고의 기준은, '누가 내 말을 듣느냐'에서 시작되고 있을 수도 있습니다. 더 정확히 이야기하자면 '누가 내 말을 잘 들었다고 내게 표현하느냐'이죠. 그건 말하자면 인정입니다. 인정은 중요합니다. 그와 온전한 소통을 나누고 싶다면 우선 그가 듣고자 하는 말을 먼저 들려주는 게 중요합니다. 예컨대 칭찬하는 겁니다. 저는 하급자라고 해서 상급자의 칭찬을 못 할 것은 없다고 생각합니다. "팀장님, 아까 회의에서 말씀하신 것 정말 좋은 아이디어 같습니다." 왜 그렇게 표현하면 안 됩니까?

어쩌면 자존심의 문제일 수도 있습니다. "꼭 그렇지는 않죠" 하고 비판적인 자세를 가질 때 사람은 우월감을 가질 수 있으니까요. 그런데 상사에게 우월감을 느끼려고 들면 그와 좋은 관계로 맺어질 수 없습니다. 그 사람의 경청을 이끌어내기 위해선 인정하고 칭찬하기를 아껴선 안 됩니다.

❶ 할 수 있는 행동을 꾸준히 하라
❷ 그와의 관계를 쌓아라
❸ 그를 먼저 인정해라

07

두 가지 일에서
결정이 어려워요

> 몇 년 전부터 저는 두 가지의 일을 병행하고 있습니다. 하나는 저의 주 수입처가 되는 당장의 생업이고, 하나는 미래를 위한 투자에 가까운 일이죠. 먼저 말씀드리자면, 두 가지의 일을 병행하는 것 자체가 저에게 스트레스를 주지는 않습니다. 문제는 주변 사람들의 성화입니다. 저의 부모님은 '사람은 한 우물을 파야 하는 법이다'면서 한 가지 일을 정리하길 바라시고, 아내 역시 수입이 더 들어오는 일에만 집중하는 게 어떻겠냐고 권하고 있지요. 처음에는 완고했던 저도, 주변의 반대가 이렇게까지 이어지는 통에 마냥 고집을 이어가기가 어렵더군요. '정말 내가 틀린 건가?' 하는 회의감이 들기도 하고요. 이제는 정말 둘 중 하나의 일을 결정해야만 하는 걸까요? 교수님의 조언이 필요합니다.

세상이 많이 바뀌었는데, 꼭 한 가지 일만 하고 살라는 법은 없죠. 요즘엔 다양한 도구들이 많이 나와 있기도 하니까요, 시간을 잘 관리해서 여러 가지 일을 할 수도 있다고 생각됩니다. 사실 중요한 건 본인의 성향에 달렸겠죠. 한 가지 일에 집중할 때 행복한 사람은 한 가지 일을 하는 게 나을 거고요, 한 가지 일에는 만족이 안 된다면 여러 가지 일을 시도해도 좋을 거예요.

두 가지 일을 다 할 수도 있다

먼저 질문을 하나 던져볼까요? 내가 우물을 파고 있는데 근처에 기름이 터졌다고 하면 여러분은 어떻게 하시겠습니까? 그래도 파던 우물만을 파시겠습니까, 근처에 유전까지 하나 더 파시겠습니까? 이 질문에 정답은 존재하지 않습니다. 굳이 해답을 붙이자면. 자신의 상황에 맞는 선택하는 게 좋겠죠. 내가 우물을 파고 있을 뿐만 아니라 그 우물물에 연계된 부수적인 사업까지 벌이고 있다고 하면 역시 한 우물을 파는 쪽이 좋을 거예요. 그렇지 않은 경우라면, 두 일을 병행해도 괜찮지 않을까요?

두 가지 일을 컨트롤할 수 있는 능력을 갖춰라

요즘의 핵심은 일보다는 능력입니다. 본인이 가진 일에 대한 성향도 물론 고려해야겠지만, 두 가지 이상의 일을 컨트롤할 수 있는 능력이 본인에게 있는지도 무척 중요하겠죠. 시간에 쫓겨

닥치는 대로 일을 하는 게 아니라, 성과를 내기 위해서 내가 어떤 일에 집중해야 하는지를 아는 것. 그것이 바로 일을 안정적으로 처리하는 능력이라고 저는 생각합니다. 그런 핵심을 명확하게 지닌 채로 여러 가지 일을 하는 것과 '경험만 쌓으면 어떻게든 되겠지'라는 마음으로 이것저것 일을 벌이는 것은 아주 다른 이야기겠죠.

▍성급히 결정짓는 대신 때를 기다려라

그렇다면 대체 언제까지 두 가지 일을 병행해야 할까요? 제가 드릴 수 있는 조언은 때를 기다려야 한다는 겁니다. 서두르지 않아도 언젠가는 둘 중 하나를 놓아야 하는 날이 옵니다. 그 때를 맞으려면 내가 좀 깨어있어야 하겠죠. 아집이나 고정관념을 갖고 있으면 때가 오더라도 내가 알아챌 수 없거든요.

그러니까 지금 두 가지 일을 하고 계신 질문자님도, 처음부터 그 일들을 하고 계시진 않았을 거예요. 예전에 안 하던 걸 지금 하고 있는 이유는 뭘까요? 때가 왔기 때문이겠죠. 그 때를 기다리는 것이 아주 중요해요. 지금 당장 알 수 없는 문제를 결정하려고 들다가 때를 놓치는 일이 있어선 안 되겠죠. 기다리던 때를 맞았을 때, 전에 하던 것을 과감하게 내려놓는 결단력도 필요합니다.

❶ 두 가지 일을 다 할 수도 있다
❷ 두 가지 일을 컨트롤할 수 있는 능력을 갖춰라
❸ 성급히 결정짓는 대신 때를 기다려라

지금 두 가지 이상의 일을 하며 고민하고 계신가요? 지금 당장 다른 일들을 정리하고 한 우물에만 매달릴 필요는 없습니다. 본인의 성향과 능력을 고려하며 생각해 보되, 결정을 내릴 때를 기다리는 여유를 갖추셨으면 좋겠습니다.

4-STEP

영업·마케팅의 핵심 원리

가치를 전하고
마음을 움직이는 본질

'어떻게 내 가치를 효과적으로 알리고,
사람들의 마음을 움직일 것인가?'
그 전략을 알아봅니다.

01
원가보다 높은 가치가
이윤을 만든다

　많은 사람들이 수익을 올리고 싶어 합니다. 그런데 생각만큼 돈을 벌거나, 시간을 얻거나, 관계를 얻기가 복잡할 수도 있습니다. 많은 사람들이 수익에 대해서, 혹은 어떤 수익이 되는 일을 찾는 과정에서 복잡함을 얻는 경우가 많습니다. 수익을 얻는 것은 돈이 되는 일을 찾는 것입니다. 우리의 콘텐츠에 대해서는 가격을 산정해야 하는 일이 수반됩니다. 상품을 정해야 합니다. 그러나 사람들이 모두 한다고 해서 그 일을 따라 하면 안 됩니다. 상품은 커피 한 잔이라고 할지라도, 상품을 파는 것이지 그것으로 된 이름과 명칭과 아이디어를 파는 것은 아닙니다. 커피라는 것을 만들고, 가격을 산정하는 일 자체는 굉장히 주관적입니다.
　원래 돈이 되는 일은 정해져 있지 않습니다. 커피가 돈이 될지 아닐지는 알 수 없습니다. 그렇다면 어디서부터 시작해야 할까요? 다른 사람들이 커피를 통해 수익을 얻느냐, 그렇지 않으냐는 중요하지 않습니다. 가격을 산정할 때 내가 어떻게 가격으로 상품을 만들지를 생각해야 합니다. 경험과 강점과 전공이 바로 가격이 되지 않습니다. 그것을 상품으로 만들어야 돈이 됩니다. 보통 2차 산업을 이야기할 때 원가와 가격 사이에서 돈을 버는 구조를 2차 산업이라고 이야기합니다. 어떤 것을 가공하여 주관적으로 상품을 만드는 것입니다. 똑같은 3천 원의 커피일지라도 그것의 원가에 따라 이익이 만들어집니다. 가격보다 가치가 높아야 합니다. 만약 우리가 1만 원짜리 독서 모임을 한다고 할지라도, 고객이 얻는 효용가치는 3만 원이 되어야 지불 용의가 있습니다. 가치를 만들어 내는 것이 중요합니다.

가치는 결국 인격입니다. 더 많이 존중하고, 그들이 만족도를 느끼며 인격을 높이기 위한 관계를 맺는 것이 중요합니다. 콘텐츠는 바로 가격과 상품입니다. 그리고 마케팅, 고객을 유지하는 것이 중요합니다. 10만 명이 넘는 고객의 수는 김형환 나 자신이 만난 사람들입니다. 이것은 내가 쌓아온 데이터베이스이기도 하며, 가격을 정하는 원인 중 하나입니다. 가격을 정하는 데 있어 원가와 가치를 어떻게 정할지가 중요합니다. 몸값은 가격입니다. 가격은 기업이 결정하고, 원가는 나에 대한 분석을 통해 만들어집니다. 가치를 만들어 내지 않으면 성장이 없습니다. 누군가를 계속해서 감동시켜야 합니다. 여러분은 어떤 1인 기업을 합니까? 여러분의 1인 기업의 가치는 어떤 가격 기준을 가지고 정산되고 있습니까?

02
성공 = 부자 + 행복

　오늘은 인생의 A도 아니고 B도 아닌 화살표에 대한 이야기를 해보려고 합니다. 인생에 있어서 세 가지 키워드를 이야기해 보고 싶습니다. 인생에서 중요한 것은 바로 성공, 두 번째는 부자, 그리고 세 번째는 행복입니다. 사람들이 인생에서 중요하게 생각하는 이 세 가지 가치, 성공과 부자와 행복을 생각하면 인생은 내내 불행할지도 모릅니다. 헷갈리고 복잡해집니다. 세 가지의 공통점은 기준이 불명확하다는 점입니다. 우리나라 사람들은 성공의 기준을 남들에게서 찾습니다. 그러나 남들에게 받는 인정으로 우리의 삶이 결정되지는 않습니다. 그 사람들이 나에게 인정한 것은 일시적입니다. 이는 도박보다도 못한 삶입니다.

　나는 성공했느냐, 못했느냐를 나눌 때 '잘 살면 부자, 못 살면 가난'이라는 말을 싫어합니다. 옳게 산 것은 성공이고, 옳지 못하게 산 것은 가난입니까? 이런 키워드에는 자신만의 정의가 필요합니다.

　성공에는 어떤 것이 기준이 될까요? 우리의 성공의 타임은 오늘이어야 합니다. 언제 성공해야 합니까? 바로 지금, 여기입니다. 성공을 했다는 이야기는 내가 가진 기대치가 있다는 것이고, 내가 갖고 있는 목표만큼 만들어 냈을 때인 것이지, 다른 사람들의 기준이 중요한 것은 아닙니다. 사업을 말리는 사람들은 늘 '하지 말라, 망한다'라고 이야기합니다. 월 10억을 벌어야 성공이라면, 월 천만 원을 벌면 실패한 것입니까? 성공의 기준은 굉장히 주관적입니다. 이미 나는 성공자로서 내가 오늘을 살아간다면 어떻게 살까요? 내가 성공자로 일어난다면, 내가 성공자로 누군가를 만난다면, 어떻게 될까요? 내가 실패자라면 누가 나를 만날까요?

성공의 '오늘, 지금, 여기'는 작은 성공도 들어갑니다. 성공의 크기가 정해진 것은 아닙니다. 부자의 기준은 또한 무엇일까요? 자동차, 해외여행, 집의 기준입니까? 우리가 이것을 못해서 가난한 것이 아닙니다. 부자의 기준은 남에게 있지 않습니다. 이런 기준은 아파트 건설사, 자동차 판매회사, 여행사가 정한 기준입니다. 부자의 기준은 내가 얼마나 부자가 되는 과정에서 희망의 시스템을 가지고 있는가입니다. 투자도 여기에 들어갑니다. 단발성 투자를 통해 부자가 되었다는 사람을 인정하지 않는 이유가 여기에 있습니다. 지금 블로그나 유튜브 등을 통해 SNS로 성공하는 사람들이 있는데, 그 안에 축적된 기술과 노하우가 있는 것이 아닐까요?

내 안에 있는 강점에서부터 시작하여 성과를 만들어야 부자가 될 수 있습니다. 공부를 잘하고 성적이 좋다고 부자가 되는 것이 아니듯, 내가 꿈이 있는가가 더 중요합니다. 내가 돈이 필요한 사람이 된다면, 내가 그 돈을 벌려고 노력하지 않을까요? 사람도 얻지 않을까요?

행복 지수가 가장 높은 나라는 핀란드, 노르웨이, 덴마크 등 북유럽 국가입니다. 그들은 행복에 대한 기준이 명확합니다. 목적을 행복에 둔다면, 가장 중요한 핵심 가치인 행복과 가치에서 관계를 맺을 수 있지 않을까요? 서로 기브 앤 테이크를 하는 것입니다. 서로 행복하게 해주는 관계를 갖는 것입니다. 내가 가지고 있는 성공의 과정, 부자의 기준. 이런 관계와 과정에서 행복을 느낀다면, 당신은 이미 행복한 사람입니다.

03
영업을 목적으로 만나면 불편해요

> 작년부터 개인 사업을 시작했습니다. 사업이라고는 하지만 아직은 소규모로, 직접 발품을 들여 영업하고 있는데요. 그간 셀 수도 없는 거절을 당하다 보니 어느 순간부터 사람을 만나는 게 무서워졌습니다. 상품에 대한 말은 아직 한 마디도 꺼내지 않았는데 나를 불신하는 눈빛을 받는 것만 같고…. 심지어는 영업을 목적으로 만나는 게 아닐 때도 상대방이 저를 오해할까 봐 지레 겁을 먹을 정도입니다. 이럴 땐 정말 어떻게 해야 할지 모르겠습니다.

저도 오래 영업을 뛰어본지라, 그 부담감이 충분히 이해 갑니다. 지금 와서 생각해 보니 상대방이 가진 편견에 연연하지 않는 게 정답이 아니었을까, 싶은데요. 몇 가지 조언을 해드릴 테니 모쪼록 도움이 되었으면 합니다.

▎목적을 확실히 제시하고 만나라

사람과의 만남이 불편해지는 흐름은 보통 이렇습니다. '밥이나 한 끼 먹자' 하고 불렀는데, 서로의 근황을 이야기하다 보니까 내가 마치 물건을 팔기 위해서 나온 것 같은 오해를 사게 되는 겁니다. 그럴 땐 분위기가 반드시 어색해지곤 하죠. 상대방 입장에선 정말 안부 인사나 하려고 만났는데 영업하려는 것 같은 느낌을 받으면 기분이 나쁠 수도 있거든요.

그러니까 만나고자 하는 사람이 고객일 가능성이 있다면, 만나기 전에 먼저 목적을 제시하세요. 전화를 걸어서 간단히 '너에게 뭔가 소개해 주고 싶은 게 있는데 만나지 않을래?' 하는 겁니다. 그러면 상대방은 그게 뭐냐고 물어보겠죠. 그때 자세한 건 만나서 알려주겠다고 말하면, 상대방은 그 만남에 호기심을 갖게 될 겁니다. 그 호기심이란 건 일종의 기대죠. 분명한 목적을 가진 기대 말입니다.

물론 설명을 들은 상대방이 내 상품을 거절할 수도 있는 일입니다. 처음부터 만남을 거절할 수도 있고요. 하지만 받아들일지, 거절할지를 고민하는 건 상대방이 해야 하는 일이고, 내가 해야 하는 일은 그저 제시하는 것뿐입니다. 우리는 우리의 할 일에 충실하자고요.

▎그 사람을 위한 일이라 여겨라

지금 여러분이 하는 일이 배타적이라고 생각합니까, 이타적이라고 생각합니까? 여러분은 지금 물건을 강매하고 있는 겁니까, 아니면 그 사람에게 필요한 서비스를 진심으로 권하고 있는 겁니까? 이건 겉으로 드러나는 태도가 아닌 마인드의 문제입니다. 저 사람이 내 상품을 원하느냐, 그렇지 않으냐는 둘째 치고, 중요한 건 내가 가진 상품이 그 사람의 문제를 해결해 줄 수 있는 솔루션이라는 강한 믿음을 갖는 겁니다. 그 믿음은 물론 이타적인 겁니다. 어디까지나 그 사람을 위한 마음이니까요.

그러니까 여러분은 그 사람에게 물건을 팔기 위해서가 아니라 그 사람의 문제를 해결해 주기 위해서 그 만남을 가지는 겁니다. 그것을 굳이 입 밖으로 내뱉으라는 게 아니라 그런 생각하는 것부터 시작하라는 겁니다.

▎즐거운 만남을 가져라

영업을 목적으로 사람을 만나는 건 나쁜 일이 아닙니다. 그 사람이 내 상품을 거절하는 것도 부끄러운 일이 아니고요. 그러니까 제 말은, 결과에 너무 연연하지 말라는 겁니다. 연연하기 때문에 만남을 지속하기가 어려운 거거든요. 우리가 궁극적으로 원하는 것은 물론 계약이죠. 그리고 그 계약을 통해 그 사람이 혜택을 받는 거고요. 그 사람에게 있어서 그 계약이 삶에 좋은 영향력을 주는 거예요. 그러니까 우리는 그 사람이 좋은 결정을 내릴 수 있도록 충분히 설명하면 돼요. 상대방의 마음까지 내가 조종할 수는 없지만, 즐거운 분위기에서 함께 시간을 나누는 것은 가능하잖아요. 딱 그것만 하면 되는 거예요.

그렇다면 어떻게 해야 즐거운 만남을 가질 수 있을까요? 정답은 간단합니다. 상대방을 관찰하며 그에게 많은 칭찬과 격려를 건네주는 거예요. '참 능숙하시다' '섬세하시다' '감성이 탁월하시다'… 가식 같아서 영 꺼려진다고요? 솔직히 말해서, 그런 말은 가식인 것을 알아도 기분이 좋습니다. 가식적으로라도 그런 얘기를 하는 사람이 별로 없거든요.

❶ 목적을 확실히 제시하고 만나라
❷ 그 사람을 위한 일이라 여겨라
❸ 즐거운 만남을 가져라

오늘은 영업을 위해 사람을 만나기가 불편하게 느껴지시는 여러분들을 위해 간단한 조언을 드렸는데요, 잘 활용하시면 분명 더 많은 사람들과 좋은 만남을 가질 수 있으리라 생각됩니다. 당장은 계약을 따내지 못하더라도 더 큰 가능성을 얻을 수 있다고 믿으며 힘내셨으면 좋겠습니다.

04

고객은 무엇에 감동하는가?

> 주변에 꾸준히 잘 되는 사장님이 한 분 계시는데, 고객들이 남긴 피드백을 보면 다들 얼마나 충성스러운지 놀라울 정도입니다. 특별히 획기적인 물건을 파는 것도, 서비스를 마구 퍼주는 것도 아닌데 '이 사장님 가게가 아니면 다른 데는 못 가겠다'고 할 정도로 감동받은 듯한 리뷰가 많습니다. 대체 어떻게 하면 그렇게 고객을 감동시킬 수 있는 걸까요? 이제는 저도 '괜찮아요' '좋아요' 정도의 피드백에서 벗어나고 싶습니다.

사실 고객 만족이라는 건 아주 기본적인 원칙만 지켜도 충족이 되는 경우가 많습니다. 하지만 고객을 감동하게 하는 건 또 다른, 아주 어려운 문제죠. 여러분들은 지금 여러분들의 고객을 얼마나 감동시키고 있습니까?

▌일관된 가치를 추구하라

여러분이 삶을 살며, 또 사업을 하며 추구하고 있는 가치가 있지 않습니까? 내가 이 사업을 하고자 하는 이유, 이 사업을 통해 얻고자 하는 의미. 그런 것들이 표명될 때 고객들은 감동합니다. 내가 하고 싶지만 할 수 없는 것을 그 사람이 대신해 준다고 생각하거든요. 기업의 사회공헌이 중요하다고 생각하는 이유가 바로 그런 기준을 갖추었기 때문입니다.

요즘 백화점에 가면 공정무역 커피의 인기가 좋더라고요. 그런데 공정무역 커피라고 해서 일반 커피보다 특별히 맛이 좋은 건 아닙니다. 그런데도 고객들이 값비싼 공정무역 커피를 사는 이유는 그 기업이 커피 농가에 공정한 이윤을 보장해 주기 때문입니다. 문제는 그 가치를 추구하는 기업의 태도가 한결같아야 한다는 거겠죠. 아무리 어려운 순간에도 자신만의 가치와 소신을 지키는 기업을 고객들은 기꺼이 신뢰하게 되어있습니다.

▌고객의 사소한 것을 기억하라

두 번째는 디테일입니다. 우리가 평범한 인간관계를 맺을 때도 그 사람의 이름 정도만 알아서는 진전이 되지 않죠. 그 사람과 나눈 대화 속의 사소한 정보를 얼마나 기억하는지가 관계의 핵심이 되지 않나요? 사업에서도 마찬가지입니다. 디테일이란

말 그대로 사소한 거죠. 그런 사소한 것을 기억하지 못하면 어쩔 수 없는 실망감이 들 수도 있습니다. 반대로 그런 것을 기억해 내서 챙겨줄 때 사람은 감동하죠.

제가 요즘 가는 카페가 있는데, 하도 얼굴을 비췄더니 직원이 저를 기억하더라고요. 제가 항상 마시는 메뉴를 알고 '그거 드릴까요?'라고 물어보거든요. 그런데 제가 어떻게 다른 카페를 가겠습니까. 얘기하지 않아도 알아주는 것 자체가 고객에 대한 관심의 근거잖아요. 제가 이런 말씀을 드리면 '저는 기억력이 나빠서 어려워요'라고 생각하실 수도 있어요. 저는 그래서 고객들과 대화를 나눌 때 그분의 정보를 간단히 메모해 놓습니다. 기억에는 한계가 있으니 기록하는 거죠.

▌결정적인 순간에 현실적 손해를 보아라

세 번째 역시 단순한 공식인데요. 내가 손해를 보고 희생할 때 고객들은 감동합니다. 매일 손해를 보고 희생하라는 게 아니라, 아주 결정적인 순간에 손해와 희생을 감수하라는 겁니다. 사업을 하다 보면 내 잘못은 아니지만 이대로는 고객의 마음이 아쉬울 것 같은 그런 상황을 누구나 겪게 되지 않습니까? 그 불편한 상황은, 사실 내가 손해를 볼 수 있는 기회기도 합니다. 그 기회를 놓치지 않고 확실히 손해를 보는 겁니다.

고객들 역시 우리가 영원히 손해를 보기를 원하지는 않습니다. 어떤 결정적인 순간에 손해를 감수하고 베풀었을 때 우리는 그들의 비로소 마음을 얻게 될 수 있는 겁니다. 어떻게 조금의 손해도 보지 않고 사람을 감동시키겠습니까?

❶ 일관된 가치를 추구하라
❷ 고객의 사소한 것을 기억하라
❸ 결정적인 순간에 현실적 손해를 보아라

당장의 이익만 생각한다면 돈을 바짝 끌어모을 수 있을지는 몰라도 고객의 마음까지 얻기는 어렵겠죠. 일관된 가치를 추구하고, 고객의 사소한 것을 기억하고, 결정적인 순간에 손해를 감수하는 그 태도만이 고객의 마음을 두들길 수 있을 겁니다.

05

고객의 마음을 여는 방법

> 사업을 하는 사람으로서 부끄러운 이야기지만, 저는 고객들을 대하는 게 너무 어렵습니다. 매뉴얼로 된 응대는 물론 누구나 할 수 있는 거겠죠. 하지만 그런 것보다 본질적인, 말하자면 고객의 마음을 여는 법을 저는 모릅니다. 고객들에게 아무리 시간을 많이 할애해도, 모든 노력이 결과로 보상되는 것은 아니더라고요. 어떻게 해야 그들의 마음을 열 수 있는지 모르겠습니다.

거래가 이루어지기 위해선 세 가지 요소가 필요합니다. 내가 가진 상품. 그것을 필요로 하는 수요. 그것을 전달하기 위한 수단. '고객의 마음을 열고 싶다'는 오늘의 질문은 이중 어디에 해당하는 이야기일까요? 바로 '전달하기 위한 수단'이겠죠. 상품을 수요자에게 전달하기 위해 어떻게 그의 마음을 열 것인가. 고객의 마음을 연다는 건 당장 물건을 팔고, 못 팔고의 문제가 아니라 그들의 니즈를 알게 된다는 것에 더 큰 의미가 있어요. 그것이 더 질 좋은 공급으로 이어질 테니까요.

고객이 듣고 싶은 이야기를 해라

성경에 보면 '두들기면 열린다'고 하지만, 사실 두들긴다고 해서 반드시 열 수 있는 건 아닙니다. 내가 열심히 한다고 고객이 반드시 마음을 열어주지는 않는다는 거죠. 중요한 건 열리지는 않더라도 두드림을 통한 자극을 줄 수는 있다는 겁니다. 그러니까 요건은 '어떻게 두들길 것인가?'가 되어야지, '어떻게 하면 열 것인가?'가 되어서는 안 된다는 거죠.

어떤 행동보다 쉬운 행동은 바로 말로 하는 행동이죠. 그렇담 고객에겐 어떤 말을 하면 좋을까요? 내가 하고 싶은 이야기만을 했다가는 아마 평생에 걸쳐도 그 고객의 마음을 얻을 수 없을 겁니다. 그러니까 고객이 듣고 싶어 하는 이야기를 해야겠죠.

예전에 우리 교회에 서울대 출신의 내과 의사가 한 분, 지방대 출신의 한의사가 한 분 계셨는데요. 한의원은 장사가 너무 잘 되어서 문제였는데, 내과에는 그야말로 파리가 날려서 문제였었던 기억이 납니다. 그 차이를 비교해 보니, 내과 의사 선생님은 환자가 오면 '어디가 아프세요?'라고 물어봤고, 한의사 선생님은 환자가 오면 '얼마나 아프셨어요?'라고 위로를 했답니다. 이러면 다들 눈물을 흘린대요. 그야말로 마음을 여는 한마디인 거죠.

관심 어린 질문을 던져라

두 번째 키는 질문, 그것도 좀 '관심 어린' 질문입니다. "어디 사세요?" "그 일을 얼마나 하셨어요?" 이런 건 상대가 말하고 싶은 것을 묻는 기본적인 질문이죠. 거기에서 좀 더 나아가서, 보다 구체적인 질문을 해주세요. 상대를 관찰하지 않으면 나올 수 없는 그런 질문을요. 말하자면 탐색전을 하는 거예요. 중요한 건 메모를 반드시 곁들여야 한다는 겁니다. 한 번 들었던 대답을 기억하지 못하고 또 묻는 사람에게는 신뢰도가 떨어지게 되어있거든요.

제 동네에 유독 장사가 잘되는 술집이 있는데, 자세히 관찰하니 사장님이 손님들과 친밀하더라고요. 그냥 친밀한 게 아니라 손님의 사소한 정보를 모두 기억하고 챙겨줍니다. 그래서인지 서비스 하나를 주더라도 개연성이 있어요. "진급하셨다면서요? 축하해요" "그때 말씀하셨던 일이 잘되셨군요! 축하해요" 하면서 주는 식이죠. 제가 사장님께 여쭤보니 고객들에게 자주 질문을 던지고, 그 대답을 간단히 메모해 둔다고 하시더군요. 이래서야 정말 다른 집을 갈 수가 없겠죠. 그렇지 않나요?

고객의 수요에 공감하라

세 번째. 그가 원하는 것에 대해 공감해 주세요. 말하자면, 그의 수요에 공감해 주세요. 우리는 때때로 내가 해주지 못하는 일에 대해서 공감하기를 포기하죠. 그러고는 내가 해줄 수 있는 일만을 제시해요. 일종의 과시인 거죠. 그렇지만 그건 별로 좋은 방법이 아니에요. 상대방의 수요를 내가 공급해 줄 수 없더라도, 우선 공감하시라는 거예요. '고객님은 말하자면 이 정도 가격대에 있는 자동차를 원하시는 거군요' 하고요. 그런 모델은 없다고 단정 짓지 마세요. 어딘가에는 있겠죠. 그렇게 공감만 해도 그 사람은 무척 기뻐할 겁니다.

사실 고객의 마음을 여는 것의 궁극적 목표는 나와의 연결고리를 만드는 것 아니겠습니까? 그러니까 어떻게 해야 고객이 나를 신뢰하게 될지를 생각해 봐야지요. 진정성도 당연히 필요하겠지만, '진정성이 있어 보이는 태도'를 내 머리로 결정하지 않으면 안 된다는 겁니다. 냉정한 사실을 말하는 것보다 그가 원하는 것을 알아주고 공감해 주는 게 훨씬 약발이 좋거든요.

❶ 고객이 듣고 싶은 이야기를 해라
❷ 관심 어린 질문을 던져라
❸ 고객의 수요에 공감하라

06
새롭게 시작하는 일이 두려워요
(영업/마케팅 초기 고민)

> 좋은 기회로 직장 내 프로젝트의 리더를 맡게 되었습니다. 남들은 잘된 일이라며 '잘 해보라'고 등을 떠밀고 있지만, 완전히 새로운 일을 시작하게 된 저로서는 설렘보다도 압도적인 두려움이 느껴집니다. '내가 이 일을 해낼 수 있을까?' '어쩌면 다 망쳐버리는 게 아닐까?' 같은 부담감에 툭하면 먹은 것이 얹히고 밤에는 잠에 들 수가 없을 정도입니다. 대체 어떻게 하면 이 두려움을 떨칠 수 있을까요?

처음 시작하는 일에는 누구나 그런 어려움에 직면하게 되죠. 사연자님께 응원의 말씀 보내며, 이야기를 시작해 보겠습니다.

마땅히 긴장하라

우리가 무언가를 처음 시작할 때, 두렵고 긴장되는 건 너무나 당연합니다. 긴장이 되지 않는다는 것은 마음이 편하다는 증거죠. 마음 편히 시작해서 해낼 수 있는 일은 아무것도 없습니다. 의식적으로라도 긴장한 상태를 유지하며 중심을 잡아야 합니다.

우리가 가장 어려워하는 부분 중 하나가 내가 제공하는 서비스를 필요로 하는 분과의 관계라고 생각합니다. 그런 관계는 처음이 아니더라도 어려울 수밖에 없습니다. 솔직히 말씀드리자면 저 역시도 그렇습니다. 제가 한 달에 진행하는 컨설팅만 사오십 건이 넘는데, 그렇게 만나는 분들이 많다고 해서 제가 마음이 편하지는 않습니다. 언제나 긴장하는 마음을 가지고 한 분 한 분을 대하고 있지요. 그리고 저는 그것이 고객들과 올바른 관계를 맺기 위한 최소한의 노력이라고 생각합니다.

실패를 상상하라

지금 여러분이 하고 계시는 일에서, '절대 나와선 안 되는 결과'는 무엇입니까? 누구에게도 연락이 오지 않는 상황입니까? 아니면 매출이 전혀 나오지 않는 상황입니까? 많은 분이 이 실패의 기준을 정해두는 것을 간과하곤 합니다. '괜히 기분만 나쁘다' '불길하다'는 이유지요.

여러분, 저에게는요. 웬만한 사업은 망쳐본 경험이 있습니다. 그런데 제가 사업을 망쳤을 때의 공통점을 보면, 그 사업의 실패를 생각해 본 적이 없었습니다. 그러니까 실패했던 겁니다. 실패하고 싶지 않다면 상상해야 합니다. 내가 어떻게 하면 망하지 않을지를 생각하기 전에 내가 어떻게 하면 망하게 될지를 생각해야 합니다. 그것을 생각해 놓지 않으면요, 생각지도 못한 일이 벌어지게 됩니다. 그때 일어나는 결과는 온전한 나의 책임이 될 수밖에 없습니다.

내가 할 수 있는 일을 찾아라

저는 '프로'와 '포로'의 차이를 이렇게 둡니다. 프로는 어떤 상황에서도 내가 할 수 있는 일을 찾습니다. 포로는 내가 할 수 있는 일을 찾기보단 처한 상황을 비판합니다. 만약 여러분이 서비스업을 하는데 고객이 나를 높게 대우하지 않는 것 같다고 해서 그것을 기분 나빠한다면 그것은 포로의 마인드겠죠. 지금 내가 할 수 있는 일은 고객을 만족시키기 위해 낮은 자세를 취하는 것이니까요.

여러분이 새롭게 시작하려는 그 일은 분명 낯설고 힘든 갈등의 연속일 겁니다. 하지만 그런 상황에서도 자기 역할을 다하기 위해 노력하는 것이 곧 전문가로 향하는 길이라고 생각합니다.

❶ 마땅히 긴장하라
❷ 실패를 상상하라
❸ 내가 할 수 있는 일을 찾아라

새롭게 시작하는 일은 긴장되는 것이 당연하고, 긴장해야 마땅합니다. 마음이 불편해지는 과정에서 스스로의 행동과 감정을 통제하는 연습을 해보세요. 그런 시도가 여러분을 더욱 단단하게 성장시킬 겁니다.

07
만날 고객이 없어요

> 12년 차 영업 사원입니다. 이 일도 제법 오래 해왔는데, 저는 프로다워진다기보다는 갈수록 감을 잃어가는 듯싶습니다. 12년 차씩이나 됐는데도 더는 만날 고객이 없어서 사무실 안에만 처박혀 있을 정도니까요. 어쩌다 고객을 만나게 돼도 '어차피 안 될 거야'라는 무력함이 저를 지배하고 있다 보니 행동이 적극적으로 나가질 않습니다. 안 될 거라고 믿기 때문인지 정말 성과가 나오지 않기도 하고요. 대체 다들 어떻게 고객을 모으는지 물어보고라도 싶은 심정입니다. 이 정도면 영업 사원으로서의 저는 끝이 난 게 아닐까요?

먼저 여쭤보고 싶습니다. 여러분의 고객이란 누구입니까? 여러분의 물건을 사주는 사람이 고객입니까? 그렇게 생각하는 순간 고객은 고갈됩니다. 가능성이 없어진다는 뜻입니다. 영업도 결국 사업의 일종이 아니겠습니까. 그 인연이 기회가 되어 어떤 결과를 낳을지는 아무도 알 수 없는 거겠죠.

고객의 기준치를 낮추어 보라

제가 중국에서 비즈니스 컨설팅을 해 오지 않았습니까. 그런데 왜 한국인들은 중국에서 사업으로 성공하기가 어려울까, 생각해 보면 협상이 약해요. 이 협상이라는 게 밀고 당기는 것보다는 그분들과 대화를 나누는 과정이 더 중요하거든요. 그런데 한국인에게는 어떤 고정관념이 있어요. '저 고객은 내 물건을 절대 안 살 것이다.' 이거예요. 얼핏 봐서 살 것 같으면 얘기하고, 사지 않을 것 같으면 입을 다물고. 이게 말이 되나요?

살 것인지 사지 않을지는 그 사람이 결정할 문제예요. 내가 할 일은 그들과 관계를 쌓는 것뿐이죠. 이쯤에서 다시 물어보도록 할게요. 여러분들에게 고객은 누구입니까? 우선 그 고객의 기준을 낮추세요. 내 물건을 사줄 사람에서 나와 같이 밥을 먹을 수 있는 사람, 카톡으로 연락을 나누는 사람으로. 기대치를 낮추는 거예요. 그러면 일단 양어장에 고기를 넣어두는 것까진 가능해집니다. 쉽게 말해, 단기 목표를 세우라는 겁니다.

손해를 볼 때 추천이 이루어진다

모두가 신규 고객에게 목을 맵니다. 하지만 저는 기존 고객을 말합니다. 정확히는, 기존 고객에게 추천받기를 권합니다. 지난 회차에서 지속적인 거래는 재구매와 기존 고객의 추천으로 이루어진다고 말했는데요, 이 두 가지 구성엔 필요한 조건이 조금 다릅니다. 기존 고객의 재구매에는 원칙이 필요합니다. 성실과 신뢰를 바탕으로 하는 원칙이 있을 때 고객은 재구매를 결정합니다. 이 재구매는 곧 고객의 습관이 됩니다. 다른 사람보다도 여러분과 이야기하는 것이 편해지는 거죠.

그러나 누군가에게 추천할 땐 약간의 리스크가 따릅니다. 추천의 가장 큰 리스크라고 한다면 거절이겠죠. '이런 거 해보지 않을래?'라고 했을 때 상대방이 '내가 왜?' 하고 거절하는 게 꺼려지는 거예요. 그래서 원칙만 가지고는 추천이 잘 이루어지지 않습니다. 고객의 추천을 원한다면 필시 손해를 보아야 합니다. 인색해서는 결코, 추천이 일어나지 않습니다. 우리가 어떤 매장을 찾았을 때, 생각도 못 한 감동적인 서비스를 받고 나면 꼭 추천하는 글을 올리게 되지 않습니까? 우리의 고객들도 마찬가지입니다. 우리가 약간의 희생을 감수하는 그 결정적인 순간, 고객의 마음은 동하게 되어있다는 거죠. 그 순간을 만드는 게 첫 번째 문제입니다.

'파이프와 물탱크'로 고객들을 접하라

만날 고객이 없다고 말하지 마시고, 고객을 만날 파이프를 만드세요. 소모임도 좋고요, 클래스를 다니는 것도 좋습니다. 어떤 형태가 됐든 사람을 구할 수 있는 채널을 계속해서 만드는 것이 중요합니다.

하나가 파이프라면 또 하나는 물탱크입니다. 물탱크에서 가장 중요한 건 '신선한 물'을, 계속해서 공급하는 겁니다. 예전에 어떤 분이 제게 명함이 가득 쌓인 지갑을 보여주신 적이 있습니다. 그것들이 자신의 인맥이라고 했죠. 제가 개중 하나를 뽑아서 살펴보았더니, 세상에, 전화번호의 앞자리가 016으로 시작하는 게 아니겠습니까. 이게 어떻게 인맥이 됩니까? 단언컨대 최근의 인맥이 최고의 인맥입니다. 당장 어제 만났던 분부터 시작해야 합니다.

고객이 고갈되는 이유는 고객이 정말로 없기 때문이 아닙니다. 마음만 먹으면 고객은 어디서든 만날 수 있어요. 다만 '계약할 고객'이 없는 거죠. 하지만 처음부터 계약해 주는 고객이 어디 있겠습니까? 결과 중심적으로 고객을 판단하지 마시고, 보다 가볍게 고객들을 만날 파이프와 물탱크를 마련해 놓는 게 어떻겠습니까?

❶ 고객의 기준치를 낮추어 보라
❷ 손해를 볼 때 추천이 이루어진다
❸ '파이프와 물탱크'로 고객들을 접하라

어떠세요? 이렇게 판단을 내리니 마음이 제법 편해지셨죠? 조금 더 시야를 넓게 보고, 여러분만의 고객을 찾으면 좋겠습니다.

08

모객이 안 돼요

> 대체 왜일까요? 아무리 노력해도 손님이 없습니다. 정말 의미 있고 질 좋은 상품을 파는데, 아무리 홍보해도 고객들이 제 진심을 몰라주는 것 같습니다. 마케팅 방법의 문제일까요? 남들은 별거 아닌 물건들도 잘만 팔던데, 왜 저만 이러는지를 모르겠습니다.

모객의 핵심은 마케팅이라고만 생각하시는 여러분들이 있는데 꼭 그렇지만은 않습니다. 좋은 콘텐츠를 가지는 것, 고객에게 홍보하는 것, 고객이 내게 오는 것은 모두 별개의 일이거든요. 세 가지 중 하나만 잘 된다고 모든 게 잘될 거로 생각하는 건 운에 모든 걸 맡기는 것과도 다를 게 없죠. 오늘은 어떻게 하면 지속적인 모객이 가능할지 여러분들과 함께 이야기 나눠보려고 합니다.

콘텐츠가 고객 중심적인지 점검하라

첫 번째, 콘텐츠를 점검하세요. 내 콘텐츠가 얼마나 고객 중심적인지를 확인하세요. 두 가지 키워드만 기억하면 됩니다. '연결'과 '융합'이죠.

연결이란 건 말 그대로 내 콘텐츠가 고객들과 얼마나 잘 연결되고 있는가의 문제예요. 예컨대 규모가 너무 큰 콘텐츠들은 그 의미와는 상관없이 고객들과 연결되기 힘든 콘텐츠라고 할 수 있죠. 그럼 어떻게 해야 할까요? 조각조각 잘라내야 해요. 잘라서 고객들의 실생활에 파고드는 겁니다. 롯데와 같은 유통회사도 처음부터 큰 회사는 아니었을 거예요. 그들이 고객과 연결되었던 계기는 아주 작은 껌 한 통에 불과했죠. 처음부터 큰 것을 내밀지 않고 고객들이 받아들이기 쉬운 작은 것들을 미끼로 던졌다는 거예요.

융합이란 건, 정형화된 기성품들을 고객들에게 요구하는 것이 아니라 고객의 현재 니즈를 파악해 내 상품의 구조를 유연히 바꾸어 나가는 걸 말해요. 세계적인 프랜차이즈 매장들을 보면 꼭 현지인들의 입맛에 맞게 메뉴 구성을 수정하는 일이 잦지 않습니까? 그런 것들이 고객들을 혹하게 만들고, 자신들의 생활에 자연스럽게 받아들이게 만드는 겁니다.

▎상품의 본질이 아닌 경험을 강조하라

우리는 언제나 상품으로 접근하려고 합니다. 카탈로그를 내밀고, 상품의 아름다움, 기능성, 본질을 강조하죠. 그런데 실제로 고객들이 이끌리는 것은 상품의 본질보다는 그 상품을 알아가는 과정이라는 경험에 있다고 봅니다. 상품의 기능성을 강조하기보단 이 상품을 통해 얻을 수 있는 경험을 이야기하는 것이 모객에 보다 효과적이라는 거죠.

유대인에게는 '배움은 꿀처럼 달다'는 속담이 있다고 합니다. 실제로도 자녀들에게 읽힐 책의 표지에 꿀을 발라두었다는 이야기가 있죠. 책을 읽을 때마다 그 꿀맛을 느끼게 해서, 아이들로 하여금 독서는 달콤한 것이라는 의식을 만들어 준 겁니다. 책의 본질보다는 책을 읽으면서 달콤했었던 그 경험이 아이들이 가진 배움에 대한 의식을 좌우했다는 것이죠.

▎꾸준히 씨앗을 뿌려라

좋은 콘텐츠를 가지는 것, 고객에게 홍보하는 것, 고객이 내게 오는 것은 다 별개의 일이라고 했죠. 이 일련의 과정을 지날 때 마음을 너무 급하게 먹으면 잘 움직여지지 않습니다. 그렇기에 평소에 씨앗을 계속 뿌려두는 게 중요하죠. 고객과의 연결과 융합을 반복하면서 말이에요.

씨앗을 뿌린다는 건, 누군가에겐 어리석은 일처럼 보일 수도 있습니다. 그걸 언제 뿌려서 언제 다 거두고 앉아 있겠냐는 거죠. 하지만 단언컨대, 씨앗 없이 얻을 수 있는 열매는 단 하나도 없습니다. 드론, 3D 프린터, VR과 같은 기술의 산물들도 발상이라는 씨앗이 없었다면 나올 수 없었겠죠. 씨앗을 장악하지 못하면 평생 남의 열매만 따야 하는 겁니다.

❶ 콘텐츠가 고객 중심적인지 점검하라
❷ 상품의 본질이 아닌 경험을 강조하라
❸ 꾸준히 씨앗을 뿌려라

낮은 자세로 임하며 고객과의 약속을 지켜나갈 때 서로 간의 소통이 되고 신뢰가 쌓입니다. 그런 원칙에 충실한 것이 우리가 행해야 할 노력이 아닌가 생각합니다.

09

무료만 원하는 고객을
어떻게 유료 전환할까요?

> 마케팅의 일환으로 무료 체험 서비스를 고객들에게 제공하고 있습니다. 금전적인 부담을 전혀 요구하지 않아서인지, 인기는 꽤 좋았습니다. 이 정도의 기세라면 분명히 제대로 홍보가 되었을 것이라고 기대하기도 했죠. 그러나 무료 체험을 경험한 고객들이 실제 구매 고객으로 이어지는 사례는 예상보다도 훨씬 부족한 수치였습니다. 추가적인 할인 이벤트를 기획해 보았지만, 결과는 그대로였죠. 선택은 물론 고객들의 몫이지만, 실질적인 구매를 결심하기는 아쉬울 만큼 제 서비스의 가치가 높지 않은 걸까 싶어서 자신감이 떨어지기도 하고요. 어쩔 땐 무료 체험만을 선호하는 고객들에 대한 야속함이 느껴지기도 합니다. 전략 자체가 잘못된 건 아니었나, 하는 회의감이 들기도 하는데… 어떻게 해야 무료 체험에 몰리는 고객들을 구매 고객으로 이끌어 올 수 있을지 걱정이 됩니다.

1인 기업 모델은 매우 다양합니다. 누군가의 콜을 받아 일하는 경우도 있지만, 자신만의 고객들을 대상으로 프로그램을 운영하며 수익을 낼 수도 있지요. 방식마다의 장단점이 존재하며, 본인이 원하는 비즈니스의 모델도 그 방향을 결정할 수 있다고 생각합니다.

어떤 비용을 받고 서비스를 제공해 주는 과정에서, '무료만을 원하는 고객을 어떻게 하면 유료로 전환할 수 있을까' 하는 생각을 가질 수도 있다고 생각됩니다. 오늘의 질문에, 세 가지로 답변을 정리해 보았습니다.

단정 짓지 말고 본질을 보라

경영에서는 무언가 단정 짓는 것을 주의해야 합니다. 예측을 해볼 수는 있으나, '이럴 거야'라고 단정하거나 '이렇기 때문이야'라고 추측하기보다는 본질을 보는 것이 중요합니다.

서비스를 무료 제공하겠다고 하면 사람들이 몰려들지만, 가격을 붙이면 줄어들게 되어있습니다. 그 격차가 아쉽게 느껴질 수도 있습니다. 그러나 '무료 제공'이라는 푯말에 몰려드는 고객들의 본질은 '무료'가 아니라 '수요'입니다. 여러분이 그들에게 무료로 제공한 서비스도, 그 서비스를 제공받은 고객들도 모두 필요한 존재라는 겁니다. 그런 고객들에게 내 감정을 표현할 필요는 없겠죠. 돈을 내고서라도 구매하려는 이유가 있듯, '무료'에 몰리는 이유 역시 존재할 겁니다. 그 이유는 내가 아닌 고객이 결정할 바가 아닌가, 라고 저는 생각합니다.

그러니 고객들의 선택에 감정을 담지 말고요, 1단계적인 전략에 집중하셨으면 합니다. 물탱크 전략이라고 하는데요. 물탱크에 물을 채우려면 물이 탱크 안으로 들어와서 안착하는 수요를 유지하는 것이 첫 번째입니다. 그 과정에 사적인 감정을 끼워 넣게 되면 물탱크에 구멍이 생긴다는 겁니다. 고객들이 관심을 가져주는 것만 해도 감사하는 마음을 가져야 합니다. 절대로 단정 짓지 말고, 그들의 본질을 수요로 여기는 마음이 중요하지 않을까 생각합니다.

비용에 알맞은 가치를 제공하고 있는가?

사연자분께선 무료 체험에 몰리는 고객이 유료 고객으로 전환되기를 원한다고 하셨습니다. 그 말은 곧, 비용을 받고 싶다는 뜻이죠. 그 비용에 대한 의미를 한 번 생각해 보셨으면 합니다. 내가 그들에게 돈을 받는다는 건 어떤 의미일까요? 나의 이익일까요, 내가 가진 실력에 대한 인정, 즉, 가치일까요? 한 번 고민해 볼 필요가 있습니다.

여러분이 비용의 의미를 이익이라고 생각한다면, 당장 손해 보고는 못 살겠죠. 하지만 가치라고 생각한다면, 여러분이 받는 비용에 알맞은 가치를 고객들에게 주고 있는지를 생각해 봐야 합니다. 여러분이 무료로 서비스를 제공하고 있더라도 마찬가지입니다. 돈을 받지 않고 있는데 너무 과하게 주고 있는 것은 아닌가. 무료 체험으로 듣게 된 강의인데 숙제까지 내준다고 하면 사람들은 할까요? 잘 안 하겠죠. 그것이 비용의 의미입니다.

▎피라미드 가격 시스템을 구축하라

피라미드식의 가격 시스템을 만들어야 합니다. 가장 넓은 하부 단위를 1단계로 두고, 2단계, 3단계로 올라갈수록 점차 가격의 격차를 두는 것이죠. 중요한 건 1단계에 충분히 공을 들여야 한다는 겁니다. 폭넓은 수요를 창출하는 것이 우선이기 때문입니다.

1단계에서 2단계로 올라가는 단계에선 고객들이 선뜻 넘어가지 않고 고민하게 되겠죠. 1단계보다 2단계에 몸담는 고객들의 숫자가 줄어드는 건 당연한 이치입니다. 그런 고객들을 '놓쳤다'고 생각해선 안 됩니다. 왜냐하면 그 피라미드 안에 고객들이 여전히 존재하고 있으니까요.

3단계쯤 되면 전략은 고급화로 넘어갑니다. 고급화란 내가 고객에게 주는 가치가 얼마나 높은지를 기준으로 하죠. 내 입장에서 중요한 것이 아닌, 고객 입장에서 정말 피가 되고 땀이 되는 것들을 주는 것에 초점을 맞춰야 합니다. 그래야만 고객들에게 설득력을 줄 수 있겠죠.

❶ 단정 짓지 말고 본질을 보라
❷ 비용에 알맞은 가치를 제공하고 있는가?
❸ 피라미드 가격 시스템을 구축하라

이런 부분의 전략이 불명확하면 무작정 가격을 올렸다가 고객을 잃어버리는 수가 생길 수도 있습니다. 다시 가격을 낮춘다고 해도 한 번 잃어버린 신뢰를 되찾기란 쉽지 않겠죠. 이런 부분에 주의해서 고객을 위로 끌어올리는 여러분만의 전략을 만들었으면 좋겠습니다.

10

나만의 고객을 만드는 법

현대의 비즈니스 환경에서는 단순히 많은 고객을 확보하는 것이 아니라, 나만의 고객을 만드는 것이 핵심 전략이 되어야 합니다. 시장 경쟁이 치열해지면서 고객을 단순한 소비자로만 보기보다는, 나의 브랜드를 신뢰하고 지속적으로 함께할 수 있는 관계로 발전시키는 것이 중요합니다. 고객과의 관계를 단순한 일회성 거래로 끝내지 않고, 지속적으로 내 비즈니스에 관심을 가지며 재구매하는 충성 고객으로 전환하는 과정이 필요하다고 강조합니다.

나만의 고객을 만든다는 것은 곧, 고객이 단순히 제품을 구매하는 것을 넘어, 브랜드에 대한 신뢰를 갖고 주변에도 자연스럽게 추천할 수 있는 존재가 되는 것입니다. 이를 위해서는 단순한 마케팅 활동이 아니라, 고객과 신뢰를 구축하고, 특별한 경험을 제공하며, 작은 성공을 통해 지속적인 관계를 만들어 가는 과정이 필요합니다. 이번 강의에서는 나만의 고객을 만들기 위해 필요한 세 가지 핵심 전략을 살펴보고, 이를 실천함으로써 장기적으로 성공적인 비즈니스를 구축하는 방법을 알아보겠습니다.

▎관계의 핵심: 신뢰와 공감으로 고객을 사로잡아라

비즈니스에서 가장 중요한 요소는 신뢰와 공감입니다. 많은 기업들이 광고와 프로모션을 통해 고객을 확보하려 하지만, 일회성 거래로 끝나는 경우가 많습니다. 고객이 지속적으로 내 브랜드를 찾도록 하려면, 그들과의 관계를 신뢰와 공감을 바탕으로 구축해야 합니다. 고객과의 관계는 단순히 얼마나 오래 알고 지냈느냐가 아니라, 얼마나 자주 소통하고 신뢰를 쌓았느냐에 따라 결정됩니다.

신뢰를 구축하는 첫 번째 방법은 일관된 브랜드 메시지를 유지하는 것입니다. 고객에게 전달하는 메시지가 일관적이어야 하며, 제품이나 서비스의 품질이 변하지 않고 항상 일정한 수준을 유지해야 합니다. 브랜드의 가치를 명확하게 전달하고, 고객이 기대하는 것을 정확하게 제공해야 신뢰가 쌓입니다.

두 번째 방법은 고객의 니즈를 먼저 파악하는 것입니다. 고객이 원하는 것이 무엇인지 먼저 질문하고 경청하는 태도가 중요합니다. 단순히 제품을 판매하는 것이 아니라, 고객의 문제를 해결해 주는 방식으로 접근해야 합니다. 고객이 원하는 해결책을 제공하면 자연스럽게 관계가 깊어지고, 신뢰가 형성됩니다.

세 번째 방법은 솔직한 커뮤니케이션을 유지하는 것입니다.

과장된 홍보나 불필요한 마케팅보다는, 진솔한 정보 제공이 신뢰를 쌓는 데 효과적입니다. 제품이나 서비스의 장점뿐만 아니라, 한계점도 솔직하게 전달해야 합니다. 고객이 브랜드를 믿고 신뢰할 수 있어야 장기적인 관계로 발전할 수 있습니다.

이처럼 고객과의 관계는 한순간에 만들어지는 것이 아니라, 꾸준한 접촉과 신뢰 형성을 통해 서서히 다져지는 과정입니다. 한 명의 고객이 충성 고객으로 발전하기까지는 시간이 걸리지만, 한번 신뢰가 형성되면 그 관계는 강력한 비즈니스 자산이 됩니다.

고객을 위한 맞춤형 경험 제공하기

고객이 단순히 제품을 구매하는 것이 아니라, 특별한 경험을 얻을 수 있도록 하는 것이 나만의 고객을 만드는 핵심 요소입니다. 고객 맞춤형 경험을 제공하는 것이 브랜드 차별화를 이루는 중요한 방법입니다. 고객이 단순한 구매자가 아니라, 나의 브랜드와 함께 성장하고 있다는 느낌을 받을 때 브랜드에 대한 충성도가 더욱 높아집니다.

고객과 직접 소통할 수 있는 공간을 만드는 것은 맞춤형 경험 제공의 중요한 시작점입니다. 정기적인 오프라인 이벤트나 온라인 커뮤니티를 운영하면 고객과의 소통을 강화할 수 있습니다. 브랜드에 대한 정보를 단순히 전달하는 것이 아니라, 고객이 직접 체험할 수 있는 기회를 제공하면 더 효과적입니다.

또한, 개인 맞춤형 서비스를 제공하는 것도 좋은 방법입니다. 고객 데이터를 활용하여 개별 맞춤형 추천과 혜택을 제공하면 고객은 자신이 특별한 대우를 받고 있다고 느낍니다. 예를 들어, 특정 제품을 정기적으로 구매하는 고객에게 맞춤형 할인이나 보너스를 제공하는 방식이 효과적일 수 있습니다.

마지막으로, 고객이 브랜드에 적극적으로 참여할 수 있도록 유도하는 것이 중요합니다. 브랜드 홍보 활동에 고객을 직접 참여시키고, 고객의 피드백을 반영한 제품 개선이나 리뷰 이벤트를 통해 고객이 브랜드의 일부라고 느끼게 만들면 자연스럽게 충성 고객으로 발전할 가능성이 높아집니다.

이처럼 고객 맞춤형 경험을 제공하면, 고객은 단순히 제품을 구매하는 것이 아니라, 브랜드와 감정적으로 연결된다고 느끼게 됩니다. 그리고 이 과정에서 자연스럽게 브랜드를 지지하는 충성 고객으로 발전하게 됩니다.

▎작은 성공으로 신뢰를 쌓아라

많은 사람들이 사업을 시작할 때, 처음부터 완벽하게 해야 한다는 부담을 느낍니다. 그러나 작게 시작하는 것이 성공의 첫걸음입니다. 처음부터 너무 큰 목표를 세우고 달성하지 못하면 좌절하기 쉽습니다. 따라서 작은 목표부터 설정하고, 이를 하나씩 성취해 나가는 과정에서 신뢰가 쌓이게 됩니다.

고객과의 신뢰를 쌓기 위해서는 부담 없는 방식으로 시작하는 것이 중요합니다. 고객이 쉽게 접근할 수 있는 제품이나 서비스를 제공하여 첫 경험을 긍정적으로 만들어야 합니다. 예를 들어, 체험판 제공, 샘플 증정, 무료 컨설팅 등을 통해 고객이 제품의 가치를 직접 느낄 수 있도록 하면 좋습니다.

또한, 작은 성과를 꾸준히 쌓아가는 것이 중요합니다. 처음에는 고객이 작은 거래를 경험하도록 유도하고, 점점 더 큰 신뢰를 쌓을 수 있도록 단계를 만들어 가야 합니다. 예를 들어, 정기 구독 서비스의 경우, 첫 달 무료 사용 후 점진적으로 유료 전환을 유도하는 방식이 효과적입니다.

마지막으로, 작은 성취를 공유하며 신뢰를 강화하는 것이 중요합니다. 고객이 브랜드와 함께한 성공 경험을 공유할 수 있도록 고객 후기나 성공 사례를 적극적으로 활용하면 브랜드 신뢰도를 높일 수 있습니다.

이처럼 작은 성공을 지속적으로 쌓아 나가면, 고객은 점점 더 브랜드를 신뢰하게 되고, 장기적인 관계로 발전할 가능성이 커집니다. 나만의 고객을 만드는 것은 단순히 한 번의 구매를 유도하는 것이 아니라, 장기적인 관계를 형성하는 과정입니다. 이를 위해서는 신뢰와 공감을 바탕으로 관계를 구축하고, 맞춤형 경험을 제공하며, 작은 성공을 통해 신뢰를 쌓아가는 것이 중요합니다. 고객은 제품 자체만을 사는 것이 아니라, 브랜드와의 관계와 경험을 함께 구매하는 것입니다.

비즈니스의 궁극적인 목표는 고객과의 신뢰를 바탕으로 성장하는 것입니다. 나만의 고객을 확보하는 과정에서 가장 중요한 것은 단기적인 성과가 아니라, 장기적인 관계를 구축하는 것입니다.

오늘 배운 전략들을 실천하면, 단순한 소비자가 아닌, 나의 브랜드를 지지하고 스스로 홍보해 줄 수 있는 충성 고객을 확보할 수 있을 것입니다. 지금부터 고객과의 관계를 다시 한번 점검해 보고, 그들과 더욱 깊이 있는 소통을 나누며, 신뢰를 쌓아 나가는 것이야말로 장기적인 성공을 이루는 길이 될 것입니다.

11

세일즈 고수가 되는 길

많은 사람들이 세일즈를 단순히 상품을 판매하는 기술로 생각하지만, 실제로는 사람의 심리를 이해하고 고객의 문제를 해결하는 과정입니다. 세일즈 고수가 되기 위해서는 단순히 말하는 기술을 익히는 것이 아니라, 고객이 원하는 바를 정확하게 파악하고, 그들의 마음을 움직이는 전략이 필요합니다.

과거에는 상품의 기능과 장점을 강조하는 전통적인 판매 방식이 주를 이루었지만, 오늘날은 고객 중심의 맞춤형 세일즈가 더 효과적입니다. 단순한 제품 설명을 넘어, 고객의 신뢰를 얻고 장기적인 관계를 형성하는 것이 핵심입니다. 그렇다면, 세일즈 고수가 되기 위한 필수적인 3가지 요소를 살펴보겠습니다.

▌고객의 문제를 파악하고 해결하는 능력

세일즈는 결국 고객이 가진 문제를 해결하는 과정입니다. 고객은 단순히 제품을 구매하는 것이 아니라, 자신이 가진 불편을 해소하고자 합니다. 따라서 세일즈 고수가 되려면 고객의 니즈를 깊이 이해하고, 그에 맞는 솔루션을 제시할 수 있어야 합니다.

(1) 고객의 핵심 니즈를 질문을 통해 끌어내기

고객은 본인이 원하는 것이 무엇인지 명확하게 알지 못하는 경우가 많습니다. 따라서 "이 제품이 필요하신 이유가 무엇인가요?"와 같은 열린 질문을 통해 고객이 스스로 문제를 인식하도록 도와야 합니다.

(2) 경청을 통해 신뢰를 쌓기

많은 세일즈 초보자들이 제품 설명에 집중하지만, 실제로 중요한 것은 고객의 말을 경청하는 것입니다. 고객의 고민과 니즈를 충분히 들은 후에, 그에 맞는 솔루션을 제공해야 합니다.

(3) 고객 맞춤형 솔루션 제시

같은 제품이라도 고객마다 원하는 가치는 다를 수 있습니다. 가령, 자동차를 판매할 때 어떤 고객은 연비를 중요하게 여기고, 어떤 고객은 디자인을 우선시할 것입니다. 각 고객의 우선순위에 맞춰 제품의 장점을 설명하는 것이 효과적인 세일즈 전략입니다.

설득력을 높이는 스토리텔링 기법 활용

세일즈는 단순한 정보 전달이 아니라, 고객이 제품을 통해 가치를 느끼도록 만드는 과정입니다. 이를 위해서는 논리적인 설명뿐만 아니라, 감성적인 접근 방식이 필요합니다. 스토리텔링 기법을 활용하면 고객의 감정을 움직일 수 있습니다.

(1) 성공 사례를 활용한 공감 유도

고객이 제품을 구매한 후 긍정적인 변화를 경험한 사례를 이야기하면 신뢰도가 올라갑니다. 예를 들어, "이 제품을 사용한 고객 중 한 분이 이런 효과를 봤어요"라고 구체적인 사례를 제시하면 고객의 공감을 얻을 수 있습니다.

(2) 고객이 직접 제품을 사용한 상황을 상상하게 하기

"이 제품을 사용하시면 출퇴근 시간이 훨씬 편해질 거예요. 아침마다 스트레스 없이 여유롭게 출근하는 모습을 상상해 보세요" 같은 방식으로 고객이 제품을 사용한 후의 변화를 생생하게 느끼도록 해야 합니다.

(3) 경쟁 제품과 차별화 포인트 강조

단순히 "이 제품이 최고입니다"라고 말하는 것은 효과적이지 않습니다. 대신 "다른 제품은 이런 부분이 부족하지만, 저희 제

품은 이런 점에서 훨씬 뛰어납니다"라고 명확한 비교를 통해 차별점을 부각하는 것이 중요합니다.

지속적인 관계 형성을 통한 장기 고객 확보

세일즈 고수는 한 번의 거래로 끝나는 것이 아니라, 고객과 지속적인 관계를 유지하며 장기적인 신뢰를 형성합니다. 단기적인 판매보다 장기적인 관계를 구축하는 것이 더 큰 수익으로 이어질 수 있습니다.

(1) 구매 후 피드백을 통해 고객 만족도 관리

제품을 판매한 후에도 고객과 소통을 지속해야 합니다. "사용해 보시니 어떠세요? 불편한 점은 없으신가요?"와 같은 피드백 요청을 통해 고객이 지속적으로 만족할 수 있도록 관리해야 합니다.

(2) 고객 맞춤형 제안 제공

고객이 이전에 구매한 제품과 관련된 추가 제품을 추천하거나, 고객이 관심을 가질 만한 정보를 제공하는 것도 좋은 전략입니다. 예를 들어, 자동차를 구매한 고객에게 정기 점검 서비스나 액세서리를 추천하는 방식이 효과적입니다.

(3) 신뢰를 기반으로 한 재구매 유도

고객이 세일즈맨을 신뢰하게 되면, 새로운 제품을 구매할 때도 다시 찾아오게 됩니다. 장기적인 신뢰 관계를 유지하기 위해서는 진정성을 갖고 고객을 대하는 것이 가장 중요합니다.

세일즈 고수가 되는 길은 단순한 판매 기술을 익히는 것이 아닙니다. 고객의 문제를 해결하고, 감정을 움직이며, 장기적인 관계를 형성하는 과정에서 진정한 세일즈의 힘이 발휘됩니다. 고객이 원하는 것을 이해하고, 그들이 필요로 하는 가치를 제공하는 사람이 결국 세일즈 고수가 될 수 있습니다.

지금까지 살펴본 세 가지 핵심 요소를 실천한다면, 여러분도 단순한 판매자를 넘어 고객이 신뢰하는 세일즈 전문가가 될 수 있습니다. 세일즈는 단순한 거래가 아니라, 고객과의 신뢰를 쌓아가는 과정입니다. 지금 당장, 고객과의 대화에서 이 세 가지 요소를 적용해 보세요. 그것이 바로 세일즈 고수가 되는 첫걸음입니다.

5-STEP

1인 기업 성장 전략

시작부터 운영, 콘텐츠, 수익 모델까지
1인 기업의 모든 것

새로운 비즈니스에 꼭 필요한 내용들!
운영 방식, 수익 모델 설계, 콘텐츠 개발, 불확실성을 줄이는 방법, 미래 대비 전략 등을 소개합니다.

01
지금의 상황을 정리해야 몰입이 가능합니다

1인 기업을 설립하는 것은 단순히 혼자서 일을 진행하는 것이 아니라, 철저한 상황 정리와 몰입을 통해 사업을 성공적으로 이끄는 독립적인 경영 방식을 의미합니다. 경제 환경의 변화와 함께 많은 사람들이 더 이상 조직에 소속되지 않고 독립적인 방식으로 일을 진행하며 성공을 이루려 하고 있습니다. 그러나 1인 기업은 단순히 개인 사업체를 운영하는 것이 아니라, 체계적인 계획과 실행이 필요한 경영 활동입니다. 이 글에서는 성공적인 1인 기업을 운영하기 위한 필수적인 세 가지 요소 – 상황 정리, 몰입을 통한 가치 창출, 그리고 독립적 경영 전략 – 에 대해 심층적으로 다루고자 합니다.

상황 정리: 성공의 첫 단추를 제대로 끼워라

1인 기업을 운영하기 전에 가장 중요한 단계는 자신의 현재 상황을 철저히 정리하는 것입니다. 많은 사람들이 새로운 사업 아이디어에 매료되어 이것저것 시도하고 싶어 하지만, 실질적으로 무엇이 우선인지 정하지 않으면 자원과 시간 낭비로 이어질 수밖에 없습니다. 사업을 성공적으로 시작하기 위해서는 명확한 목표를 설정하고, 그 목표를 달성하기 위한 최적의 방법을 찾는 과정이 필요합니다.

우선, 자신이 가진 자원을 파악하는 것이 중요합니다. 내가 현재 할 수 있는 일, 활용할 수 있는 네트워크, 시간과 재정적 여유 등 모든 요소를 철저하게 분석해야 합니다. 그 후 불필요한 부분을 과감히 버리고, 현재의 목표에 맞는 핵심 요소에 집중해야 합니다. 예를 들어, 블로그나 유튜브 같은 디지털 플랫폼을 활용하려고 한다면, 그 플랫폼에서 내가 가진 강점을 어떻게 효과적으로 활용할 수 있을지 구체적인 전략을 세워야 합니다.

또한 상황을 정리할 때는 장기적인 목표와 단기적인 목표를 명확하게 구분해야 합니다. 단기적으로 달성할 수 있는 작은 성과를 통해 점차 큰 목표로 나아가야 하며, 중간에 불필요한 노력을 줄이는 것이 필수적입니다. 상황 정리를 통해 불확실성을 줄이고, 보다 명확한 경영 전략을 수립하는 것이 성공적인 1인 기업의 첫 번째 단계입니다.

▌몰입: 나만의 콘텐츠로 시장에서 차별화하기

몰입은 1인 기업의 성공을 결정짓는 중요한 요소 중 하나입니다. 단순히 다양한 콘텐츠를 만들어 내는 것에 그치지 않고, 고객에게 실질적인 가치를 제공할 수 있는 콘텐츠에 집중하는 것이 중요합니다. 몰입을 통해 깊이 있는 콘텐츠를 개발하면 고객의 문제를 해결하고, 그들의 요구를 충족시킬 수 있습니다.

많은 사람들이 1인 기업을 시작하면서 유행하는 트렌드를 따르거나 팔로워 수에만 집중하는 경우가 많습니다. 하지만 단순히 수많은 팔로워를 얻는 것이 중요한 것이 아니라, 내가 만든 콘텐츠가 진정으로 고객에게 유용하고, 그들이 찾는 솔루션을 제공할 수 있는지를 고민해야 합니다. 예를 들어, 독특한 제품을 판매하는 쇼핑몰을 운영할 경우, 단순히 제품을 많이 진열하는 것보다 고객이 진정으로 필요로 하는 정보와 가치를 전달하는 콘텐츠를 개발하는 것이 훨씬 더 중요한 전략입니다.

몰입을 통해 만들어진 콘텐츠는 자연스럽게 고객에게 전달되며, 이를 통해 충성도 높은 고객층을 형성할 수 있습니다. 이는 단기적인 매출 증가뿐만 아니라, 장기적인 고객 관계 형성에도 기여합니다. 고객이 원하는 것이 무엇인지, 그들이 필요로 하는 해결책을 어떻게 제시할지를 고민하고 이를 콘텐츠에 녹여내는 것이 몰입을 통한 성공적인 비즈니스 창출의 핵심입니다.

독립적 경영: 혼자가 아닌, 협력과 피드백을 통한 성장

1인 기업의 경영은 철저한 독립성과 동시에 외부와의 협력과 피드백이 있어야 합니다. 비록 혼자서 경영을 시작하는 1인 기업이지만, 이 과정에서 다른 사람들과의 상호작용은 필수적입니다. 다양한 전문가와의 네트워킹, 멘토링, 그리고 고객 피드백을 통해 지속적으로 자신의 비즈니스 전략을 개선해야 합니다.

독립적 경영의 핵심은, 자원과 시간을 효율적으로 관리하며 체계적으로 일하는 것입니다. 이는 명확한 목표 설정과 구체적인 실행 계획을 통해 이루어질 수 있습니다. 또한, 작은 성과라도 꾸준히 쌓아가며 장기적인 성장을 이루는 것이 중요합니다. 예를 들어, 처음에는 작고 소규모의 고객을 대상으로 시작하더라도, 그들에게 제공하는 가치를 극대화하고 신뢰를 쌓으면 점차 더 큰 고객층으로 확장해 나갈 수 있습니다.

피터 드러커 박사가 말했듯이, '경영은 결정과 피드백'입니다. 즉, 처음부터 모든 것을 완벽하게 계획하는 것이 아니라, 지속적인 피드백을 통해 수정하고 보완하는 과정이 중요합니다. 1인 기업가는 고객이나 동료, 또는 멘토로부터 받는 피드백을 적극적으로 활용하여 자신의 사업을 발전시켜야 합니다. 이 과정에서 중요한 것은 단기적인 성과에만 매달리지 않고, 장기적인 비전을 가지고 꾸준히 개선해 나가는 것입니다.

성공적인 1인 기업을 만들기 위해서는 철저한 상황 정리와 몰입이 필수적입니다. 사업을 시작하기 전에 자신의 자원을 명확히 파악하고, 무엇에 집중할지를 결정하는 과정이 성공의 기반이 됩니다. 그 이후에는 고객이 원하는 가치를 제공하는 콘텐츠를 몰입하여 개발해야 합니다. 또한 독립적으로 경영하면서도, 다양한 피드백과 협력을 통해 지속적으로 자신을 성장시키는 것이 중요합니다. 정리와 몰입, 그리고 꾸준한 실행을 통해 1인 기업은 작은 시작에서 큰 성공을 이끌어 낼 수 있을 것입니다.

02
1인 기업과 멘토링과의 상관관계

오늘날의 비즈니스 환경은 끊임없이 변화하고 있으며, 인공지능 시대에 '나다움'을 찾는 것이 가장 중요한 요소로 떠오르고 있습니다. 이 과정에서 자신의 정체성을 발견하고 이를 기반으로 한 성실함이 중요한 가치로 자리 잡고 있습니다. 그러나 이를 실현하기 위해서는 멘토링이 필수적입니다. 성공적인 멘토링 경영의 비밀을 세 가지 주제로 나누어 알아보겠습니다.

▍멘토링의 본질과 중요성

멘토링은 단순한 조언을 넘어, 각 개인의 자존감을 유지하고 발전시키는 중요한 역할을 합니다. 진정한 멘토링은 그 사람이 가진 모습에서부터 시작하며, 개인적인 1대1 관계를 통해 함께 나누는 것입니다. 이 과정을 통해 자신을 돌아보고 성장할 수 있는 기회를 제공받게 됩니다. 특히, 메타인지 능력을 키워 자신의 한계를 도전하게 하는 멘토링은 현대 사회에서 필수적인 요소로 자리 잡고 있습니다. 이를 통해 자신의 부족함을 인식하고 이를 극복하는 과정에서 진정한 성장이 이루어집니다.

성공적인 콘텐츠와 브랜딩의 관계

멘토링에서 중요한 요소 중 하나는 바로 콘텐츠입니다. 콘텐츠는 브랜딩 전략의 핵심이며, 자신만의 색깔을 지닌 콘텐츠를 자유롭게 만드는 것이 중요합니다. 브랜딩은 결국 자기다움을 드러내는 것이며, 이를 입증하는 것이 바로 콘텐츠입니다. 자신감을 키우고 자존감을 유지하기 위해서는 포장된 외형보다는 진정한 자신만의 이야기를 바탕으로 한 콘텐츠가 필요합니다. 많은 사람들이 불안감을 느끼며, 돈을 급하게 좇느라고 모임원들을 바로 나에게 돈을 줄 수 있는 고객으로 보거나 마케팅을 우선시하는 경향이 있지만, 콘텐츠 없이 브랜드를 만들려는 시도는 실패로 이어질 수 있습니다.

멘토링을 통한 지속적인 성장

멘토링은 단순한 조언을 넘어서 지속적인 성장의 기반을 마련해 줍니다. 1인 기업은 1대1 멘토링을 통해 각 개인의 성장을 추적하고, 이를 바탕으로 리더십과 성격을 조화롭게 발휘할 수 있는 기회를 제공해야 합니다. 이 과정에서 중요한 것은 성실함과 지속적인 노력입니다. 진정한 멘토링은 초기의 어려움을 극복하고, 함께하며 목표를 설정하고 이를 실현해 나가는 과정입니다. 멘토링을 통해 얻은 경험은 결과적으로 지속적인 성장과 1인 기업으로서의 성장을 이끌어 낼 수 있습니다.

▎끊임없이 씨를 뿌리는 자세로

멘토링 경영의 비밀은 성실함과 지속적인 노력을 기반으로 합니다. 멘토링을 통해 개인의 성장을 도모하고, 자신만의 브랜딩을 완성해 나가는 과정이 성공적인 경영의 비결입니다. 끊임없이 씨를 뿌리는 자세로 미래를 향한 희망을 멘토 - 멘티와의 진정한 관계를 통해 지속적인 성장을 이끌어 내는 비결이 될 것입니다.

03
1인 기업의 핵심은
나만의 시스템에 있습니다

어떻게 사업 기반을 만들 것인가를 생각해 보아야 합니다. 우리는 보통 다른 사람들의 결과만을 바라보고 그것을 부러워합니다. 그러나 결과만을 바라보고 따라가면 안 됩니다. 기반이 생기지 않기 때문입니다. 기반을 닦는 것에 해야 할 역할, 즉 기반을 닦는 방법은 어떤 것이 있을까요? 일단 나에게 유리한 출발점을 만들어야 합니다.

▌유리한 출발점 만들기

내가 어디서부터 출발해야 하는지를 알아야 합니다. 나의 경력에서부터 출발하는 것입니다. 처음부터 그들도 모두 돈을 벌 생각으로 일을 한 것은 아닙니다. 하지만 온라인에서 하는 강의와, 내가 어떻게 사람들에게 아는 것을 알려줄까 하는 것 등은 전부 기획이며 콘텐츠가 됩니다.

나만의 경험을 통해 콘텐츠를 쌓아야 합니다. 온라인 마케팅

컨설팅은 누군가가 능가하기 어렵습니다. 유리한 출발점의 핵심은 생존 경쟁력입니다. 각각의 현실에서 살아남기 위한 생존 경쟁력에 의미를 부여하는 것입니다.

▎객관적인 '자기 경험' 분석

상담하다 보면 무엇을 하면 돈이 될지를 물어보는 사람들이 많습니다. 그러나 그들이 어떤 삶을 살았고, 그 삶을 통해 어떤 경험을 만들었는지를 아는 것이 바로 돈을 버는 길이 됩니다.

▎명확한 고객 차별화(수요 가치)

우리는 고객을 차별화하지 않고, 콘텐츠를 차별화하려고 합니다. 돈을 버는 것은 수요입니다. 내 그릇이 그것을 감당할 수 있는 수요가 되는가가 중요합니다.

▎솔루션으로 마케팅하기

내가 정의한 고객들의 문제를 해결하기 위해 집중해야 합니다. 특별한 마케팅이 필요하지는 않습니다. 솔루션이 필요한 고객들을 위한 차별화가 필요합니다. 실행하다 보면 실패도 많아집니다. 실행에 대해 독서하다 보면 영향을 확장하게 되고, 성과도 좋아지게 됩니다.

▎믿음 + 성실 ⇒ 브랜드 인지도 쌓기

많은 사람들이 마케팅을 배워서 멋지게 되려고 합니다. 그러나 그런 것들은 가설일 뿐 진짜 진정성은 아닙니다. 스스로에 대한 믿음이 떨어지면 성실도도 떨어집니다. 일단 나에 대한 믿음을 가져야 합니다. 주어진 목표를 달성하기 위해 성실하다 보면 고객들에게 좋은 브랜드에 대한 인지도를 보여주게 됩니다.

보통 사람들은 무엇이든 오랫동안 할 생각을 하지 못합니다. 하지만 흔들리지 않는 척하면서 내가 할 일을 묵묵히 해나가는 것이 바로 성실입니다. 그 성실함이 나에게 성공이라는 키를 가져다줍니다.

04

시대의 변화에 어떻게 소통해야 하는가

｜변화는 예측보다 빠르다, 시대가 달라졌다

옛날과 방식이 달라졌습니다. 과거에는 B2B 사업이 대세였습니다. 하지만 지금은 B2C가 돈이 됩니다. 저 자신만 해도 LG, 현대 등에서 강의했지만 이제는 기업 강의가 아니라 개인과 소통하는 일을 하고 있습니다. 청년들, 스타트업, 1인 기업을 대상으로 말입니다. 시대가 바뀌었습니다. 우리는 변화를 예측할 수 있을까요? 이는 통제가 가능할까요? 승진에 목숨을 걸고, 월급을 쫓다 보면 시스템은 바뀌지 않습니다.

이제는 게임을 이용한 E-Sports가 대한민국을 먹여 살리는 기술이 되었습니다. 당근마켓을 통해 중고 거래를 하는 시대가 왔습니다. 1등급을 받고 의대에 가는 것이 학생들의 꿈인 나라, 대한민국. 이것은 굉장히 슬픕니다. 우리나라는 스타트업이 약합니다. 전 세계에서 창업을 가장 많이 하는 나라는 이스라엘입니다. 미국이 이스라엘의 편인 이유는 대부분의 미국 실리콘밸리의 기술을 유대인들이 가지고 있기 때문입니다. 이들은 창업에 관해 자유롭습니다. 직업의 개수가 가장 많은 나라 역시 미국입니다. 직업에 대한 편견이 없습니다. 우리나라는 1만 5,000개도 안 되지만 미국은 4만 개 이상이라고 합니다. 우리나라는 남들이 알아주지 않는 일들을 잘하려고 하지 않습니다. 명문대에 가기 위해서, 50대에 학비를 대기 위해서 사교육비 때문에 파산하는 학부모들이 많습니다. 나라는 잘못되어도 단단히 잘못되었습니다.

우리의 목적은 생존이 아닌 관계와 행복

사람이 가진 가장 낮은 수준의 욕구는 생존입니다. 우리가 단순히 일을 먹고 살기 위해서 한다면 무슨 의미가 있겠습니까? 우리가 이렇게 열심히 사는 이유는 고객에게 있습니다. 나의 고객이 누구냐는 것입니다. 우리에게 불확실성이 높을 때 어떻게 해야 할까요? 경기는 계속 나빠질 것이고, 길은 계속 막힐 것입니다. 우리가 오래, 장기적으로 가는 방법은 바로 관계입니다. 우리는 행복에 익숙하지 않습니다. 관계에 익숙하지 않습니다. 커뮤니케이션이 쉽지 않습니다. 내가 타인과 좋은 관계를 만들기 위해서는 성격적으로 가기보다 인격적으로 가야 합니다. 직원이 10명이라면 10개의 리더십이 필요합니다. 10명을 전부 인격적으로 다르게 대해야 합니다.

▎중요한 건 방향성과 존재 이유

사람은 무엇으로 존재합니까? 우리의 존재가치는 무엇일까요? 본질적으로 사업을 하다가 망하는 사람은 '이걸 왜 하는 거지?'라고 생각할 때가 많습니다. 일을 할 때에는 신념과 가치가 있어야 합니다.

나에게 가장 중요한 것은 무엇입니까? 사람마다 각자의 재능이 있습니다. 누군가의 재능은 성실이고, 누군가의 재능은 노력일 것입니다. 핵심 가치는 혁신, 성실, 정직 등이 중요합니다. 나를 먼저 알아야 미래 가치를 얻을 수 있습니다.

05
독립선언!
새로운 삶의 방법

▌호두과자와 우리들

호두과자가 있다고 생각해 봅시다. 많은 사람들은 호두과자 상자 안에 있는 호두과자처럼 살아갑니다. 포장된 호두과자처럼 대우를 받습니다. 우리는 거기서 안정감과 소속감을 느낍니다. 하지만 성공이란 무엇일까요? 호두과자 상자 안에서 획일화된 호두과자처럼 있는 것이 맞을까요? 약간의 안정감을 누리는 것이 성공일까요? 빌 게이츠, 스티브 잡스, 일론 머스크. 핑크 펭귄, 퍼플 카우 등 책의 공통점은 나의 호두과자 상자를 깨고 나오는 데서 시작한다는 점입니다.

▌탈출한 호두과자의 고독

밖으로 나온 호두과자를 보고 상자 안에 있는 호두과자들은 뭐라고 이야기할까요? 독불장군이냐, 너만 인생 특이하게 사느냐고 말할 것입니다. 그렇지만 나의 안전지대를 벗어나야 합니다. 나의 길을 개척해야 합니다. 호두과자들이 점점 상자에서 탈출한다면 어떤 일이 벌어질까요? 하나의 그룹이 생긴다면 그것이 바로 사업입니다. 나를 도망치지 못하게 하는 존재가 때로는 가족일 수도 있고, 친구나 직장 동료일 수도 있습니다. 하지만 거기서 떨어져 나와야 합니다.

내가 기준이 되는 방법

저 또한 직장생활을 안정적으로 하면서 계속 컴포트존에 있을 뻔했지만, 지금은 많은 사람들과 경험을 나누고 있습니다. 처음에는 생각도 다르고, 할 일도 많았습니다. 하지만 저는 급하게 회사를 그만두라고 말하는 것이 아닙니다. 조직 내에 있다고 하더라도 남과 다르게 존재하는 것이 중요합니다. 나만의 고객이 누구인지를 생각하고 콘텐츠를 계속 고민해야 합니다. 1인 기업은 누군가에게 좋은 기준이 되어야 합니다. 독립하고 시작의 의미를 주어야 합니다. 내가 누구로서, 어떤 콘텐츠와 네트워크를 통해 일을 할지를 생각해야 합니다. 콘텐츠를 통해 네트워크를 만드는 것이 나에게 정말 중요한 경쟁력이 됩니다. 콘텐츠가 만들어지려면 브랜딩이 되어야 하고, 내가 누구인지를 아는 것에서 출발합니다.

06
성장하는 1인 기업의 해결 과제

┃ 사업을 하는 데 가장 중요한 나의 '마음'

사업을 하는 데는 기능보다 마인드가 중요합니다. 마음의 상태가 얼마나 중요한지를 알아야 합니다. 무엇을 하면 돈이 되는지를 생각하다 보면 마인드를 우습게 생각할 수밖에 없습니다. 하지만 마인드를 기반으로 한 의사소통이 중요합니다. 나의 고객과 어떻게 긴밀하게 소통하고 연결되느냐가 중요한 것입니다.

그럼 누구와 의사소통을 하는 게 가장 중요할까요? 바로 나 자신입니다. 나를 아는 것이 어렵기 때문입니다. 사람들은 자기 자신이 무엇을 잘하는지를 고민합니다. 나의 Best를 고민하는 것입니다. 그리고 다음은 내가 좋아하는 것, 바로 Like입니다. 그리고 내가 잘하는 일들은 바로 Must입니다. Like는 시시각각 바뀝니다. 호기심에 패이면 평생 나는 김삿갓처럼 살 수밖에 없습니다. 많은 사람들은 현재 하는 일을 별로 좋아하지 않는다고 생각합니다. 그렇지만 한번 생각해 보십시오. 먼저 손을 들고, 좋아하는 일이라고 나의 일을 생각하십시오. 그렇게 시작하는 것입니다. 그리고 Must는 미래입니다. 의사소통은 바로 나로부터 출발합니다.

그다음은 고객입니다. 우리는 누구의 돈을 법니까? 고객의 돈을 법니다. 고객의 마음을 잘 알아야 합니다. 고객과의 의사소통이 중요합니다. 그들이 무엇을 원하는지 알아야 합니다. 세상과 소통하는 것입니다. 내 마음이 아닌 세상으로부터 출발하면 안 됩니다. 거꾸로 가면 안 됩니다. 세상의 트렌드가 그것이라고 해서 그걸 따라 사업을 하면 안 됩니다.

우리에게는 어떤 문제가 있습니까?

문제는 현재 상황도, 목표도 아닙니다. 그 사이의 갭입니다. 갭을 메우기 위해서 해야 할 일과 하지 말아야 할 일을 찾아야 합니다. 그 원칙이 문제가 되어야 합니다. 사업을 할 때 문제를 해결하는 일은 굉장히 중요합니다. 문제 해결은 지식을 만듭니다. 문제를 허투루 보내면 안 됩니다.

의사결정을 잘하지 않았을 때 생기는 문제

마지막으로 중요한 것은 의사결정입니다. 우리는 무엇을 결정해야 합니까? 우리가 결정해야 할 것은 우리의 고객이 누구인지를 아는 것입니다. 우리의 콘텐츠가 무엇인지도 알아야 합니다. 정답보다는 해답에 가깝게 그것을 찍고 만들어 보아야 합니다. 콘텐츠를 만들고 고객 분석을 하는 과정에서 의사결정이 만들어질 것입니다.

무엇이 돈이 될지를 알고 따라가는 것은 돈이 되지 않습니다. 나로부터 출발해야 합니다. 나에 대한 분석은 100%가 없습니다. 30% 정도를 생각해 놓고, 30% 정도 나의 고객이 누군지를 알고, 30% 정도 시장이 어떤지를 압니다. 그러면 90%일 것 아닙니까. 결정하지 않으면 결정 당하게 됩니다. 결코 내가 원하지 않는 결과로부터 결정당하고 말 것입니다.

07

1인 기업 첫걸음
3가지 필수 프레임

> 말로만 듣던 1인 기업을 몸소 실천해 보려니, 생각보다 막막합니다. 그간 들어보았던 강의, 읽었던 책의 내용은 온데간데없고 종일 '무엇을 준비해야 하는가?' '무엇을 생각해야 하는가?' 하는 고민으로 방황하고 있습니다. 하고자 하는 일은 있는데, 그것을 1인 기업의 경영 시스템에 맞춰보기가 어렵습니다. 기반이 세워져 있지 않으니 자신감이 떨어지기도 합니다. '내가 남들보다 특별히 잘난 것도 아닌데' '같은 제품을 파는 더 경쟁력 있는 사람들이 많을 텐데' 하고요. 물론 아직 공부할 것이 많겠지만, 당장 무엇을 알아야 할지 모르겠습니다. 교수님의 도움이 필요합니다.

1인 기업을 시작하기 직전인 분들의 고민이 있습니다. 1인 기업을 이미 시작했지만, 경영 시스템을 도입하지 못하시는 분들도 계십니다. 그런 분들과 소통을 이어가며 그들에게 어떤 것이 필요한지를 정리했던 적이 있는데요. 교과서 같은 원칙을 말할 수는 없겠지만, 이야기를 나눌 때가 되었다고 생각해서 이렇게 자리를 마련하게 되었습니다.

❙'누구로서, 누구를 위해 사업할 것인가' - 브랜드

첫 번째는 바로 브랜드입니다. 브랜드에 대해 정의하자면 역할입니다. '내가 누구로서'죠. 어디서 어떤 제품을 판매하든, 같은 제품을 파는 사람이 나뿐만은 아닐 겁니다. 그럼에도 '내가 누구로서' 이 제품을 팔고 있는지를 생각해 보면 브랜딩할 여지가 충분히 있을 겁니다.

1인 기업 과정 1주 차에서 처음 작성하게 되는 것이 바로 사명서인데요. 그 사명서에서도 '내가 누구로서'를 작성하게 되어있습니다. 하지만 그것보다 더 중요한 것이 따로 있는데, 바로 '내 고객이 누구인지'입니다. 구체적인 고객층을 설정한 다음, '내가 누구로서'가 들어가는 겁니다. 이 두 가지가 브랜드를 구성하는 가장 중요한 요소라고 할 수 있겠습니다. 나의 정체성과 고객의 정체성을 파악하는 거죠.

브랜드를 구상하는 가장 이상적인 방법은, 5년 후 내가 어떤 사람이 될 것인지를 생각해 보는 겁니다. 물론 현재의 관점에서 지금까지 쌓아온 데이터만 가지고 내 브랜드를 찾는다는 건 쉽지 않은 일일 겁니다.

▍'고객이 원하는 제품은 무엇인가' - 콘텐츠

그 5년 후의 비전을 찾아나가기 위한 노력이 두 번째, 내 콘텐츠입니다. 콘텐츠는 다양한 모습으로 나타날 수 있습니다. 지식 기반의 상품, 물리적인 상품, 시스템, 여러 가지 솔루션을 이룰 수도 있겠죠. 이 콘텐츠들이 바로 1번, '브랜드'에서 설정한 내 고객의 문제를 해결해 주는 성과입니다. 꼭 강의하고 책을 쓰는 것이 아니더라도, 고객이 원하는 제품을 내가 제공해 준다면 그것만으로도 성과입니다. 내가 만드는 콘텐츠 안에 나의 노하우를 어떻게 녹여낼 것인지가 내 콘텐츠의 경쟁력을 결정짓겠지요.

▍'고객과 어떤 네트워크를 만들 것인가' - 마케팅

가장 중요한 것이 바로 3번, '이 브랜드와 콘텐츠를 통해 어떤 마케팅을 벌이겠는가' 입니다. 여러분이 누구인지 알았고, 여러분이 팔아야 할 제품을 알았습니다. 그러나 내 브랜드를 세우고 내 콘텐츠를 만들기 위해 벌인 노동의 대가가 수익으로 돌아오지는 않습니다. 중요한 건 '브랜드와 콘텐츠가 누구와 연결되어야 하는가' 입니다. 그것이 아까 1번에서 이야기한 브랜드의 고객 설정이죠. '그 고객과 나 사이에 어떤 네트워크를 만들 거냐'는 겁니다.

마케팅이라고 하면, 사람들은 많이 파는 것에만 집중합니다. 많이 팔 궁리만을 하다 보니까 '어떻게 하면 요령 좋게 꾸며 말할 것인가' '어떻게 하면 속일 것인가'를 고민하게 되는 겁니다. 그러나 마케팅보다 중요한 건 관계입니다. 고객과의 관계를 통해 우리는 두 가지를 얻어야 합니다. 하나는 재구매, 하나는 추천입니다. 그래야만 내 시장의 크기가 넓어지지 않겠습니까?

그래서 우리는 고민할 수밖에 없는 겁니다. 고객과 어떤 관계를 맺을 것인지, 고객에게 어떤 경험을 선사해 줄 것인지, 고객을 어떻게 만족시킬 것인지에 대해서요.

❶ '누구로서, 누구를 위해 사업할 것인가' - 브랜드
❷ '고객이 원하는 제품은 무엇인가' - 콘텐츠
❸ '고객과 어떤 네트워크를 만들 것인가' - 마케팅

세 가지 개념을 간단히 말씀드렸지만, 여러분께서 바로 이해하기는 어려울 것입니다. 여러분 개개인이 모두 다르기 때문에 그렇습니다. 살아온 경험도 다르고, 하려고 하는 사업도 다르지요. 여러분들 안에 있는 강점을 찾아가시기 바랍니다.

08

어떻게 해야 안정적인 수익의 1인 기업이 될까요

> 취업 대신 1인 기업 창업을 준비하는 20대 청년입니다. 준비라고는 하지만 아직은 아이디어를 구상해 보는 단계로, 온라인 쇼핑몰을 열어볼까 생각하고는 있지만 관련된 경험은 없습니다. 오로지 혼자 이끌어가는 사업으로 어떻게 수익을 내야 하는지, 지금으로선 감이 잡히지 않는데요. 1인 기업의 구조로 안정적인 수익을 창출하는 법이 궁금합니다.

김형환 교수: 누군가의 직원으로 들어가는 게 아닌, 사장으로 시작하고자 하는 열정과 용기에 우선 박수를 보내드립니다. 첫 시도다 보니 아무래도 많은 두려움과 부담이 함께하실 것 같은데요. 오늘은 많은 분들이 기다려 주셨던 게스트인 박현근 코치와 함께 사연자분의 솔루션을 찾아나가고자 합니다. 이 사연을 보고, 본인의 20대 시절이 많이 생각나셨다고요.

박현근 코치: 우선 대단하다는 생각이 들더라고요. 저에게 있어서 20대는 꿈도 목표도 없이 생존만을 위해 하루하루를 살아가던 시기였거든요. 그래서인지 저는 사연자님이 20대라는 환경을 적극적으로 활용해 보셨으면 좋겠다는 생각이 듭니다.

▎첫 번째. 씨앗을 심는 인내의 시기를 견디기

저의 첫 번째 조언입니다. 씨앗을 심는 과정은 지루합니다. 싹이 틀지도 확실치 않고, 시간만 버리고 있는 게 아닌가, 하는 불안감이 들기도 하지요. 그럼에도 씨앗을 심는 행위에는 대단한 잠재력과 가치가 깃들어 있습니다. 저는 여러분들께서 그런 인내의 시기를 거치셨으면 좋겠습니다. 충분한 경험을 쌓으십시오. 여러분들께서 창업하고자 하는 분야에서, 최소 3년 이상 일해보십시오. 아주 중요한 것을 배울 수 있게 될 것이라고 저는 자신합니다.

3년 동안이나 준비에 임하라는 조언이 어렵게 다가갈 수도 있다는 것을 압니다. 당장 닥쳐올 내일을 생각하면 누구나 힘이 들고 막막하지요. 하지만 여러분들께서 당장의 급여가 아닌 5년이나 10년 후의 장기적인 미래를 바라보셨으면 좋겠습니다. 우선 시각적으로 명확한 비전을 설정해 보십시오. 그 비전을 위해, 내가 걸어가는 과정들을 글로 기록해 보십시오. 그러다 보면 여러분은 어느새 결과보다도 가치 있는 과정들을 얻게 될 겁니다.

두 번째. 경험 속에서 노하우 발굴하기

교수님께서 언제나 강조하신 부분이지요. 편의점에서 아르바이트하더라도 사장님의 마인드를 가지고 임하라고요. 매출을 올려 성과를 내보고, 성과를 바탕으로 급여를 올리는 경험을 쌓아 보라고요. 그런 과정에서 사람은 반드시 노하우를 얻게 되어있다는 말씀. 여러분들께서도 반드시 가슴에 새기셨으면 합니다.

노하우를 발굴하기 위해, 지내는 사람들과 좋은 관계를 유지하십시오. 그 사람들의 이름을 기억하고, 그들이 하기 꺼리는 것을 솔선수범하십시오. "제가 하겠습니다"라고 손을 드는 마음을 가지십시오. 그리고 실수를 두려워하지 않으셨으면 좋겠습니다. 노하우에는 반드시 시행착오가 필요하니까요.

세 번째. 작은 걸음부터 시작하기

사람들이 사업에 실패하는 이유는, 커다란 시작에 집착하기 때문입니다. 그런 집착을 버릴 필요가 있다고 말씀드리고 싶습니다. 작은 시작이 남들에게 보이기에 초라할 수는 있으나, 그럼에도 인내심을 가지고 하나씩 하나씩 단계별로 나아가셨으면 합니다.

탄탄한 준비와 작은 시작은 위험 부담을 줄여주지요. 저는 여러분들이 도박을 하는 마음으로 1인 기업에 뛰어들지 않으셨으면 좋겠습니다.

김형환 교수: 오늘은 박현근 코치와 함께, 안정적인 수입을 얻고 싶은 청년 1인 기업가의 사연을 살펴봤습니다. 오늘의 솔루션을 한데 모아보자면, 다음과 같이 정리할 수 있을 것 같습니다.

❶ 씨앗을 심는 인내의 시기를 견디기
❷ 경험 속에서 노하우를 발굴하기
❸ 작은 걸음부터 시작하기

전체적으로 탄탄한 전략이 돋보이는 조언들이었습니다. 한 걸음을 시작하려는 여러분께 든든한 힘이 되어줄 것으로 생각합니다.

09
비대면 시대 고객 영업전략

> 코로나가 창궐한 지도 꽤 오랜 시간이 지났습니다. 다인원 간의 만남을 피하고, 마스크를 쓴 채 행동하는 것이 일상 같은 시대가 됐죠. 코로나로 타격을 입지 않은 업종이 드물다지만, 저처럼 손님을 직접 마주 대해야 하는 경우는 사실 이만저만 곤란한 게 아니었습니다. 나름대로 대책을 찾아서 요즘은 화상 프로그램으로 미팅을 진행하고 있는데, 대면 미팅에 비하면 아무래도 만족스럽지가 않습니다. 실제로 실적도 떨어지고 있어 고민인데요. 요즘 같은 비대면 시기에는 어떤 전략을 취해야 현명한 걸까요?

코로나 시대가 도래하며 많은 것이 바뀌었습니다. 체감으로 가장 깊게 느껴지는 것이 있다면 사람들 간 만남의 방식이 변했다는 것이겠죠. 생각지도 못한 상황에서 맞이한 전환점이지만, 최선의 노력으로 우리만의 방법을 찾아가야겠다는 생각이 듭니다.

비대면의 영역을 즐겨라

　비단 사업뿐만 아니라, 전반적인 삶의 방식이 많이 바뀌지 않았습니까. 저는 여러분들께서 생각하는 방식을 바꿔보셨으면 좋겠습니다. 사람들과 대면하지 못하게 되는 상황을 억울하게 생각하지 마시고, 비대면이라는 조건에서 펼칠 수 있는 영역을 즐겨보세요. 비대면 시대라지만, 우리가 명절을 아예 기념하지 않는 건 아닙니다. 사람들과 어울리지 못하는 것도 아니고요. 다만 그것들을 즐기는 방식이 달라진 것입니다. 어떻게 보면 새로운 문화가 만들어진 것이고, 새로운 시장이 만들어진 거죠.

　영업에도 비대면 시대란 큰 의미를 가집니다. 오프라인으로 고객들을 만나느라 시간이 부족했던 경험이 있지 않습니까? 긍정적으로 생각해 보면, 우리는 시간을 절약할 수 있게 된 셈입니다. 보다 짧은 시간 안에 많은 사람들에게 관심을 전달할 수 있게 되었으니까요. 초조하게 생각하지 않으면, 어디서든 길은 보이기 마련입니다. 다른 방법으로도 충분히 삶을 즐길 수 있어요.

SNS상에서 긍정적인 네트워크를 형성하라

　SNS를 적극적으로 활용해 보세요. 단순한 홍보의 수단으로만 여기지 말고, SNS상에서 긍정적인 네트워크를 만들어 가는 데 집중해 보세요. 내 이야기를 많이 하는 것보다도 중요한 것은 타인과 활발한 소통을 이어가는 것이에요. 처음 만난 사람이라 할지라도, 그 사람이 올린 게시글에 장문으로 댓글을 달아주는 건 어떨까요? 그리고 친구 신청을 걸면, 그 사람도 나를 조금 더 관심 있게 보겠지요. 그게 SNS를 잘하는 방법입니다.

요즘은 밖에 있는 시간이 줄어들다 보니, SNS를 할 수 있는 시간이 저절로 늘어나게 됐지요. 그 시간을 어떻게 활용할 것인가가 주어진 관건입니다. 적극적으로 씨를 뿌리세요. 씨를 열심히 뿌려서 새로운 관계들을 만드세요. 그 관계가 이어지면, 그 사람이 당신의 고객이 될 확률이 높아집니다.

고객의 니즈를 파악해라

비대면의 영역을 즐기면서 SNS상의 해피 네트워크를 만들다 보면, 여러분들 고객에 대한 데이터 분석이 가능해집니다. 그들이 어떻게 살고 있는지, 어떤 사람인지, 어떤 생각하고 있는지. 유의 깊게 분석하며 고객들의 니즈를 파악해 보세요. 그들에게 필요한 것은 무엇이겠습니까? 이 분석에는 고객과의 대면이 필요치 않습니다. 우선은 비대면 상에서 할 수 있는 일을 하고, 그 다음 단계에선 대면 상으로 할 수 있는 일을 하는 겁니다. 역할을 나누는 것이죠.

가장 좋은 행복은, 때에 따라 할 수 있는 일들을 잘 누리는 것입니다. 그게 가장 잘하는 방법입니다. SNS 네트워크를 통해 고객의 데이터를 분석하고, 고객의 니즈를 파악하는 일을 게을리 하지 않는 것. 그것이 이 비대면 시대에 가장 중요한 고객 영업 전략이겠습니다.

❶ 비대면의 영역을 즐겨라
❷ SNS상에서 긍정적인 네트워크를 형성하라
❸ 고객의 니즈를 파악해라

대면하지 못한다고 해서 영업이 안 될 거라는 생각은 편견이죠. 오히려 비대면 시대일 때만 시도할 수 있는 전략들이 존재하리라 생각합니다.

10

내가 없어도 돌아가는
1인 기업 시스템 만들기

> 막 초보티를 벗어난 3년 차 1인 기업입니다. 처음 시작했을 때의 허둥지둥함은 이제 없지만, 그럼에도 아직 쉴 틈 없이 바쁜 나날들을 이어가고 있지요. 그래서일까요. 저보다 일찍 1인 기업을 시작해 자리잡은 선배들을 보면 아직까진 부러운 마음만이 앞섭니다. 다들 자신만의 시스템을 찾고, 직원까지 고용해서 더욱 여유롭게 일을 하고 있거든요. 저는 쉴 틈 없이 페달을 밟아야만 앞으로 나아갈 수 있는데, 선배들은 페달에서 발을 떼어놓더라도 자동 주행이 되는 것 같달까요?
>
> 일을 팽개쳐 둔 채 놀고 싶다는 이야기는 당연히 아닙니다. 하지만 저에게도 그런 여유가 있다면 일과 삶이 더욱 행복해질 것 같다는 생각이 들었습니다. 그러니까, 저에게도 시스템이 필요합니다. '내가 없어도 돌아가는 1인 기업 시스템' 같은 거요.

'내가 없어도 돌아가는 1인 기업 시스템.'

1인 기업을 시작하신 분들이라면, 누구나 그런 시스템을 꿈꾸곤 합니다. 물론 모든 일을 혼자서 다 해낼 수는 없겠지요. 기업체가 성장하기 위해선 외주를 맡기기도 해야 하고요, 사람들을 쓰기도 해야 합니다. 그 시스템들이 효율적으로 운영된다면, 사장인 내가 잠시 부재하더라도 안정적으로 유지될 수 있겠죠.

나에게 정말 필요한 시스템인가?

'내가 없어도 돌아가는 시스템'이 여러분들 자신에게 정말 필요한 시스템인지 점검해 봐야 합니다. 이건 성향의 문제라고도 할 수 있겠습니다. 어떤 분들은 일을 하지 않고 놀기를 원할 수도 있지만 모든 분이 그렇지는 않거든요. 만약 여러분들께서 일을 계속하고 싶으시다면, 여러분께 주어진 몫을 줄여나가면 됩니다.

여러분들이 1인 기업을 시작한다고 했을 때, 주어진 10가지의 일을 혼자 다 해낼 수는 없습니다. 시간이 지날수록 외부의 도움을 받게 되죠. 파트너를 구하든 직원을 구하든지 해서요. 다른 사람에게 내 일의 일부를 맡긴다는 건, 놀고 싶어서가 아니라 시간을 자유롭게 쓰고 싶기 때문입니다. 일을 아주 내려놓는다는 전제를 두기보단 일을 줄여서 하되, 함께 하는 사람들과의 시스템을 조율하는 과정이 필요하겠습니다.

소위 이야기하는 '경제적 자유'가, 돈을 많이 벌어서 일할 필요가 없는 자유만을 칭하는 건 아닙니다. 내가 어떻게 일을 해야 어떤 결과를 끌어낼 수 있는지를 아는 것. 그런 시스템적인 사고를 갖추고 있는 것이 진정한 경제적 자유라고 저는 생각합니다.

시스템의 핵심은 사람

앞서 말한 시스템에서 가장 중요한 핵심은 사람입니다. 컴퓨터 프로그램이 우리에게 주는 혜택 역시 더할 나위 없이 훌륭하지만, 그럼에도 실속은 사람이라고 할 수 있습니다. 사람에 대한 신뢰와 존중을 보이는 것이 중요합니다.

사람을 쓰는 사람의 공통적인 걱정이 있습니다. '그 사람이 내가 하는 만큼 일을 해줄 것인가' '급여를 받은 만큼 일을 해줄 것인가' 하는 걱정이죠. 그럴 때일수록 여러분들은 여러분이 고용한 사람을 믿고, 신뢰와 존중의 태도를 보여야 합니다. 고용주로부터 존중받지 못하는 직원들로 '내가 없이도 돌아가는 시스템'을 만든다는 것은 어려운 일일 테니까요.

노하우가 공유되는 매뉴얼 구축

사람을 핵심으로 둔 시스템에, 매뉴얼이 명확해야 합니다. 노하우가 공유되는 매뉴얼, 말하자면 성과를 만들어 내기 위한 매뉴얼이 필요합니다.

여러분들의 직원이 성과를 냈다면, 칭찬하는 것으로 끝내지 말고 그 직원이 어떤 노력을 통해 성과를 만들어 냈는지를 정리해 보세요. 그 경험을 통해 만들어 낸 노하우를 다른 직원들과 공유하도록 하세요. 이런 형식지가 계속해서 구축되다 보면, 지난 데이터들이 훌륭한 모델로서 작용하게 됩니다. 이는 기업 체계를 견고하게 만들 뿐만 아니라, 직원들 사이의 활발한 의사소통과 신뢰, 존중을 불러오게 될 겁니다. 그렇다면 내가 없어도 돌아가는 1인 기업 시스템을 만들 수도 있겠죠.

❶ 나에게 정말 필요한 시스템인가?
❷ 시스템의 핵심은 사람
❸ 노하우가 공유되는 매뉴얼 구축

내가 영영 부재해도 정말 괜찮은 시스템이란, 아마 존재하지 않을 겁니다. 여러분들이 함께 움직이면서 노력한다면, 보다 안정적인 1인 기업의 시스템을 만들어 나갈 수 있을 거라고 생각됩니다.

11

부를 만드는
목표관리 시크릿

> 사업을 시작한 지 벌써 2년이 넘었습니다. 매출은 먹고 살 만큼은 나오지만, 만족할 만한 수치라고는 할 수 없는 것 같습니다. 물론 매달 목표를 세우고는 있습니다. 그러나 언제나 기대한 만큼의 목표를 달성하지 못해 좌절감이 들고, 힘이 빠집니다. 전 단순히 생계 문제를 해결하는 것을 넘어 부를 이루고 싶습니다. 이런 제가 목표관리를 어떻게 하면 좋을지 교수님의 조언을 얻고 싶습니다.

오늘은 부를 만드는 목표관리에 관해 이야기해 볼 건데요. 먼저 부에 대한 새로운 정의가 필요합니다. 부라고 하면 흔히 많이 버는 것만을 떠올리지만요, 얼마를 버느냐보다 중요한 건 얼마나 지속적인 시스템을 가졌냐는 겁니다. 제가 사업을 해보고 나니, 한 번 크게 버는 게 목표가 될 수는 없더라고요. 로또 당첨자의 9할이 패가망신하는 이유도 그래요. 과정이 없었거든요. 그래서 우리는 언제나 이유 없는 성공을 경계해야 합니다.

가까운 목표를 설정하라

첫 번째는 목표관리입니다. 많은 분이 목표를 그저 높게만 잡으십니다. 100은 잡아야 30이라도 할 수 있지 않겠냐는 요량인데, 사실 사람 마음이 그리 간단하지 않습니다. 내가 있는 곳과 목표 간의 갭이 크면 포기를 해버리거든요. 좁혀지지 않으니까. 아니 사실 좁혀지고 있다는 걸 느끼지 못하기 때문에 그렇습니다. 목표는 내게서 가까워야 다가갈 힘이 생깁니다.

현재 상황을 숫자로 표현하라

더 중요한 게 있는데요. 현재 상황을 숫자로 표현해야 한다는 겁니다. 숫자로 어쩐지 표기하면 부끄럽다고요? 여러분, 목표는요, 수치스럽지 않으면 안 됩니다. 유치하면 유치할수록 달성 가능성이 높아지는 게 목표입니다. '더 많이 벌겠다'가 아닌 '얼마를 벌겠다'고 말씀하시는 겁니다.

목표 달성을 위한 원칙을 설정하라

세 번째는요, 목표를 이루기 위한 원칙을 정하는 겁니다. 원칙은 딱 두 가지로 나눌 수 있습니다. 해야 할 일과 하지 말아야 할 일. 예를 들어 다이어트 목표를 정해놨다고 칩시다. 그저 '열심히 하기'만 해선 무엇을 얼마만큼 해야 열심히 한 건지 가늠이 안 가겠죠. 그 실질적으로 '열심히 하는 시간'을 만들어 내기 위해 원칙을 만드는 거예요. '해야 할 일'은 하루에 1시간 이상 운동하기. '하지 말아야 할 일'은 6시 이후로 먹지 말기. 정확하게 선을 정하는 거죠.

그런 목표를 두고 매일 내가 무엇을 실행했는지 결과를 적고 피드백하는 거예요. 목표가 1시간인데 오늘 운동은 30분밖에 못 했네요. 그렇다면 그 30분이 빈 원인이 뭐였는지, 개선을 위해 내일부터 해야 할 일은 무엇인지를 생각하는 거예요. 이렇게 명확하게 원인을 규명하고 차이를 좁히면 언젠가는 꿈을 이루게 됩니다. 저는 그게 되게 중요하다고 생각합니다.

❶ 가까운 목표를 설정하라
❷ 현재 상황을 숫자로 표현하라
❸ 목표 달성을 위한 원칙을 설정하라

12
불확실성을
낮추는 법

> 저는 확실하지 못한 것이 너무 싫습니다. 내년에도 출근을 할 수 있을지가 불투명한 직장이 싫고, 하루의 계획이 수틀릴 때의 기분이 싫습니다. 어느 것도 보장할 수 없는 미래는 언제나 두려움의 대상일 뿐입니다. 아무리 불안해해 봤자 완전히 통제할 수 없는 영역이라는 것을 아는데도 신경을 쓰지 않을 수가 없습니다. 어떻게 하면 불확실성을 줄이고 보다 안정된 내일을 맞을 수 있을까요? 교수님의 조언이 필요합니다.

사람들은 누구나 확실하지 않은 것을 두려워합니다. 돌발적인 상황에 스트레스를 받고, '불안한 미래'를 운운하는 공포 마케팅에 쉽게 혹하는 것도 다 불확실성을 꺼려서죠. 그렇다면 대체 어떻게 해야 불확실성을 조금이나마 낮출 수 있을까요? 함께 알아보도록 하겠습니다.

정보와 경험으로 계획을 세워라

불확실성에 대처하는 첫 번째 방법, 바로 계획을 세우는 것입니다. 모든 것이 확실한 환경이면 사실 계획을 세울 필요가 없겠죠. 계획을 잘 세우기 위해선 두 가지 필요한 것이 있는데 첫 번째가 정보, 두 번째가 경험입니다. 정보든 경험이든 관건은 많이 알아야 한다는 것입니다. 모르는 영역이 넓어질수록 불확실성이 높아지기 때문입니다. 계획은 생각의 크기와 비례합니다. 우리가 책을 읽는 가장 큰 이유도 간접 경험과 정보를 얻기 위해서지요. 정보만 있으면 중학생도 계획을 세울 수 있습니다.

엇나간 계획에 피드백하라

계획을 안 세우는 사람들의 공통점은 계획대로 안 되는 상황을 스트레스로 여긴다는 겁니다. 그래서 아예 계획을 안 세우고 만다는 거죠. 여러분이 세운 계획이 자꾸만 비틀린다면, 피드백을 해보세요. 계획과 실제 상황 간의 간극이 생긴 원인을 점검해보는 겁니다. 중요한 건 그 원인을 외부가 아닌 내부에서 찾아야 한다는 거겠죠. 모든 탓을 외부에 돌리는 것은 더한 불확실성을 만들 뿐이니까요. 그런 노력을 거치면서 오차의 간극을 좁혀가야 비로소 그다음 단계에 돌입할 수 있습니다.

▍매일의 루틴을 반복해라

　미래가 불확실하다는 것은 어쩌면 너무 당연한 이야기일지도 모릅니다. 문제는 그 막연함을 두려워하기만 할 것이 아니라 계획을 현실화시키는 노력을 해야 한다는 겁니다. 그러는 데 필요한 것이 바로 오늘의 루틴입니다. 몇십 년 후의 미래 같은 것을 통제한다는 건 불가능한 이야기겠죠. 그렇지만 우리에게 주어진 하루, 한 시간, 십 분의 시간은 당장 우리가 통제할 수 있는 것이 아닙니까? 아주 소소한 일이라고 할지라도 그것을 반복할 때 우리는 좀 더 뚜렷한 내일을 볼 수 있게 된다는 겁니다.

❶ 정보와 경험으로 계획을 세워라
❷ 엇나간 계획에 피드백하라
❸ 매일의 루틴을 반복해라

　이 중에서도 가장 강조하고 싶은 것은 '매일의 루틴을 반복해라' 입니다. 일상을 살면서 무언가 정해진 행동을 반복한다는 것은 정말 중요한 일입니다. 만약 여러분이 지난 일주일을 소홀히 보냈다고 하더라도 정해진 시간에 반성하고 피드백하는 시간을 가진다면 그걸로 괜찮은 겁니다. 꼭 그런 삶의 방식을 가져가셨으면 합니다.

13

상황이 끝날 때까지 기다리시려고요?

> 꽤 오랫동안 1인 기업을 준비했었습니다. 직장을 다니는 내내 공부하는 마음으로 성과를 냈고, 그간 얻은 저만의 노하우로 독립을 해볼 생각이었죠. 전염병의 대유행이라는 건 생각조차 못한 변수였습니다. 덕분에 오랜 계획이었던 퇴사가 미뤄지고, 여차저차 직장생활을 이어 나가게 됐지요. 답답한 상황이었지만, 안락한 실내를 떠나 폭우가 몰아치는 바깥으로 나서는 게 쉽지가 않았습니다.
>
> 문제는 점점 나약해지는 제 마음가짐입니다. 한 번 물러서고 나니 저도 모르게 위축이 된 걸까요. 기다리다 보면 언젠가는 끝날 사태인데, 그때가 되어서 다시 독립을 준비해도 괜찮지 않을까? 하는 생각이 슬그머니 떠오르더라고요. 그것이 시작을 두려워하는 마음에서 온 핑계라는 걸 잘 알고 있습니다. 핑계란 걸 알면서도 선뜻 움직일 수 없는 상황에 더욱 부담되고요. 이런 제가 어떡하면 좋을지, 부디 조언을 주셨으면 합니다.

어떤 일이든 간에 '일단 이 상황이 끝나면'을 전제에 두고 말하는 경우들이 빈번합니다. 코로나 시기가 특히 그러했죠. 바람직하지 않은 현상입니다. 상황이 끝날 때까지 기다린다기보단, 그동안 해야 할 일들을 하셔야죠. 그렇지 않은가요?

상황이 나아질 때까지 기다리고자 하는 여러분께 세 가지의 조언을 해드리려고 합니다.

▎긍정의 힘을 발휘해라

긍정과 낙천을 혼동하는 분들이 많은데, 이 둘은 조금 다른 개념입니다. '코로나 끝날 때까지 기다려도 괜찮아. 좋은 게 좋은 거지'가 낙천이라면, 긍정은 '코로나 상황이라고 할지라도 내가 할 일이 있을 거야' 입니다. 좀 더 적극적이죠. 어쩌면 이 상황에서 무엇보다 필요한 것이 바로 긍정의 힘일지도 모릅니다.

지금의 상황을 객관적으로 보되, 그 상황에서 해야 할 일이 무엇인지를 궁리해 보십시오. 사실 사업을 하다 보면 누구나 어려움에 직면할 때가 있습니다. 외부의 상황, 예컨대 시장이나 경제의 흐름이 내 뜻대로 움직이지 않을 때가 그렇죠. 코로나도 비슷합니다. 많은 사람들이 코로나로 인해 경기가 나빠진 상황을 한탄하고, 이런 상황에선 '할 수 없다'고 이야기하지만, 이럴 때도 긍정의 힘은 필요합니다. 아주 적은 노력이라고 할지라도, 최선을 다하는 것이 중요합니다.

통제할 수 없는 '때'를 받아들이고 준비하라

'때'라는 것은 사실 통제가 불가능한 개념입니다. 예컨대 코로나가 예고를 하고 찾아오지는 않았죠. 때를 누리는 것은 오로지 신뿐입니다. 우리는 다만 받아들일 뿐입니다. 때가 온 것을 받아들이고, 때에 맞춰 최선을 다하는 것이지요. 최선을 다한다는 것은 여러분들께서 해야 할 행동을 하는 것입니다. 멈출 것이 있다면 그것을 멈추십시오. 새롭게 시작할 일이 있다면 그것을 시작하십시오. 뭔가 준비할 일이 있다면 그것을 준비하십시오.

예컨대 저의 경우, 오프라인 세미나를 멈추었습니다. 대신에 유튜브를 통한 라이브 방송을 새로 시작했습니다. 오프라인으로 모일 수 없으니 다른 방법을 꾀한 것입니다. 이전에는 얼굴을 보고 이야기하면 되었으니 굳이 라이브 방송을 진행할 필요가 없었거든요. 다만 코로나가 도래한 시대에서 유튜브 라이브란 제가 할 수 있는 일이었고, 또 해야 하는 일이었습니다. 그렇게 시작한 일을 저는 지금까지도 매주 화요일마다 진행하고 있습니다. 이후에도 유튜브 라이브를 계속할지 모르지만 미리 걱정하지는 않습니다. 그때가 닥치면 그때 판단을 해야겠죠.

끝과 시작은 언제나 연동된다

끝과 시작은 언제나 연동된다. 제가 가장 강조하고 싶은 말입니다. 끝은 하나의 시작이 되고, 시작은 하나의 끝이 되죠. 막막하기만 한 코로나 사태도, 언젠가는 끝을 봅니다. 그 끝은 또 하나의 시작이 되겠죠. 지금 우리가 해야 할 일은 다만 준비하는 것뿐입니다. 새로운 시작을 위해서요. 그 기점이 여러분들 사업의 중요한 전환점이 될 수도 있겠습니다.

❶ 긍정의 힘을 발휘해라
❷ 통제할 수 없는 '때'를 받아들이고 준비하라
❸ 끝과 시작은 언제나 연동된다

답답하고, 힘든 시기. 그러나 언젠가는 끝날 시기입니다. 그 시기에 맞이할 새로운 기회를 생각하며, 마냥 기다리기보단 적극적으로 자신이 해야 할 일들을 찾아 나서는 것이 중요하지 않을까 생각합니다.

14

시간도 없고
정신도 없이 바빠요

> 두 아이의 엄마이자, 1인 기업에 빠져든 주부입니다. 너무 바쁩니다. 새벽녘에 일어나서부터 하루 업무가 시작되지요. 아침밥을 준비하고, 아이들 등원시키고, 집안일을 마친 후 이런저런 강의를 들으러 다니고, 집에 오면 그새 저녁이 되어있습니다. 저녁밥을 준비하고, 과제를 하고, 바인더를 쓰다 보면 어느덧 잘 시간을 훌쩍 넘겨 있죠. 주말이 되어도 아이들과 시간을 보낼 여유나 체력이 남아나질 않고요. 가족들의 원성도 높아지고 있습니다. 고민인 건 앞으로도 들을 강의가 넘쳐난다는 사실입니다. 몸이 열 개여도 모자란데, 이만한 일정을 소화하지 않으면 남들을 따라가지 못할 것 같습니다. 언제나 마라톤을 뛰고 있는 기분이랄까요. 더 열심히, 더 열심히 하지 않으면 뒤처진다는 생각이 저를 압도합니다. 한편으로는, 이렇게 바쁜 일과를 지속할 수 없다는 점을 인지하고 있습니다. 어떻게 해야 이런 상황을 슬기롭게 이겨나갈 수 있을까요?

김형환 교수: 살림을 돌보시면서 강의까지 들으러 다니시는 그 열정에 먼저 박수를 쳐드리고 싶습니다. 하지만 사연자분께서도 인지하고 계시듯, 언제까지고 이렇게 바쁜 일과를 지속할 수는 없겠지요. 오늘의 사연은 박현근 코치와 함께 솔루션을 찾아나가고자 합니다.

박현근 코치: 우리 사연자분께선 굉장히 조급한 마음을 가지고 계신 듯합니다. 이전의 상황을 벗어나고 싶고, 남들만큼은 해야 할 것 같다는 압박을 느끼고 계시지요. 그렇지만 너무 잘하려고 하는 마음은 사람의 시야를 좁히기 마련입니다. 더욱 차분하고 냉정한 마음으로 자신을 돌아보는 과정이 필요하겠습니다.

▍시간을 기록하고 우선순위 파악하기

시간 관리의 첫 번째 길은, 시간을 자세히 기록해 보는 것이라고 생각합니다. 강의를 비롯해 구체적으로 어떤 일들을 하며 하루를 보내고 있는지를 정리해 보세요. 중요한 것은 그 일과 안에서의 우선순위를 정해보는 것입니다. 내 삶에 있어서, 단기적으로는 내가 처한 상황에 있어서 가장 중요한 일은 무엇인지를 천천히 생각해 보셨으면 좋겠습니다.

멘토들에게 조언을 구하기

혼자서 가는 길은 막막하고 캄캄합니다. 어떤 길로 가면 좋을지 당최 감이 잡히지 않습니다. 바쁜 삶을 살다 보면 더더욱 그렇습니다. 어디론가 바쁘게 가고는 있는데, 자신이 어디로 가는지조차 볼 수 없는 거죠.

그래서 저는, 앞서 이 길을 걸어본 멘토들을 찾아가길 권하고 싶습니다. 제가 1인 기업 과정을 수강하는 중에 정말 훌륭하다고 여겼던 프로그램도 바로 멘토와의 인터뷰 시간이었습니다. 그분들이 어떻게 지금의 자리까지 오게 되었는지를 듣다 보면, 내가 지금까지 어떤 길을 걸어왔는지, 앞으로 어떤 길을 걸어왔는지 감이 잡히고는 했죠.

장기적인 시선을 가지고 강의를 선택하기

가족들의 원성을 사면서까지 강의를 들으려는 이유. 그 본질적인 결핍이 해결되어야 나머지 부분이 해결되지 않을까, 생각하는데요. 강의를 들음으로써 사연자분이 얻어가고자 하는 성과를 좀 더 구체적으로 그려볼 필요가 있는 것 같습니다. 많은 사람들이 바쁘게 강의를 들으러 다니는 심리 중에는 이런 게 있지요. '남들이 다 듣는 것 같으니까 나도 이 강의를 들어야겠다' '이 강의를 들으면 뭔가 보이겠지?' 그러나 목적 없는 배움은 바쁜 삶을 더욱 복잡하게 만들 뿐, 본질적인 도움을 줄 수는 없습니다.

사연자분께서 조금 장기적인 시선을 가지셨으면 좋겠습니다. 교육을 받는다는 것은, 비용도 물론이거니와 시간이 만만찮게 들어가는 과정이지 않습니까? 단기간에 너무 많은 강의를 듣게 되면 강의를 듣는 것만으로도 벅찬 상황이 일어날 수도 있습니다. 당장 내일의 일만 바라보지 마시고, N년 후의 비전을 떠올리며 강의를 선택하셨으면 합니다. '이만한 시간과 비용을 내서 들어야 할 가치가 있는가?'라는 질문을 끊임없이 던져가면서요.

❶ 시간을 기록하고 우선순위 파악하기
❷ 멘토들에게 조언을 구하기
❸ 장기적인 시선을 가지고 강의를 선택하기

김형환 교수: 마지막으로, 사연자분께 가장 중요한 말씀을 드리고자 합니다. 시간의 배분에 대한 조언인데요. 사회에서의 일과 가정에서 일의 조화를 적절하게 맞추어야 한다는 점을 강조하고 싶습니다. 아이들은 눈 깜빡할 사이 자랍니다. 부모를 반드시 필요로 하는 시기도 그새 지나가기 마련이지요. 본인이 하고 싶은 일을 하는 것도 물론 중요하지만, 가족을 위한 시간 역시 반드시 필요하다는 것을 사연자분께서 잊지 않으셨으면 좋겠습니다.

15

육아와 직장, 사업 사이에서

> 교수님의 강의를 들으며, 자연스럽게 교수님과 같은 삶을 꿈꾸게 되었습니다. 당장 퇴사하는 게 아니더라도 1인 기업의 정신을 갖고 독립을 준비하면 좋겠다고 생각했죠. 하지만 현실은 그리 녹록지가 않습니다. 하루 대다수의 시간을 직장에서 보내야 함은 물론이고 출퇴근 전후로는 육아의 늪에 빠져 있거든요. '지금 하던 일만 마무리되면 그때 시작하자' '지금보다 좀 덜 바빠지면 그때 생각하자' 하고 뒷전으로 미루다가도, '계속 이런 식이면 대체 언제 시작하게 되는 거지?' 싶어져서 가끔은 초조해집니다. 어떻게 하면 좋을지 모르겠습니다.

많은 분이 1인 기업을 꿈꾸면서도 '아이들이 어려서' '직장 일이 바빠서' 같은 이유로 미루곤 합니다. '아이가 좀 크면' '퇴직하면' 시작하겠다고 하지만, 막상 그때가 되면 또 다른 이유로 바빠지곤 하죠. 결국 가장 적절한 때는 바로 지금입니다. 오늘, 지금, 이 자리에서 시작하는 것이 중요합니다.

지금 이 자리에서 시작하라

첫 번째, 나중은 없습니다. 상황이 너무 바쁘다면 바쁘게 하면 되고, 어렵다면 어렵게 하면 됩니다. 그 자리에서 그렇게 출발하면 되는 겁니다. 그것은 부끄럽게 여길 일이 아닙니다. 모든 출발은 다 초라하고, 유치하고, 어렵거든요. 그런데 그렇게 출발해야만 지금의 문제도 해결이 됩니다. 그렇게 출발해야만, 비로소 떠날 수 있습니다.

저도 1인 기업을 처음 시작할 땐 매우 바빴습니다. 정말 정신없이 바빴습니다. 그런데 지금 생각해 보면요, '그때 시작하지 않았으면 계속 누군가의 뒤를 따르며 살았겠지' 하는 생각이 듭니다. 가장 힘들고 바빴던 그때가 시작하기 적절한 때였던 겁니다. 그러니 '완벽한 시기'를 기다리지 마세요. 지금 할 수 있는 것을 시작하세요.

중요한 것은 행위가 아니라 방법이다

많은 분이 "어떤 일을 하면 돈이 되나요?"라고 묻습니다. 그런데 정말 중요한 것은 어떤 '행위'가 아니라 어떤 '방법'을 찾느냐입니다.

생각해 보면 육아도 직장도 결국 어떤 문제를 해결하는 과정이 아닙니까? 그런 능력을 키우는 것이야말로 1인 기업에서 가장 중요한 자산이 됩니다. 무작정 퇴사하고 사무실을 얻는다고 해서 그만인 건 아니라는 거죠. 그러니 지금 있는 자리에서 어떤 성과를 내고, 어떤 결과를 만들 것인지 그 방법을 생각해 보세요. 그것이 여러분이 만들 수 있는 최선의 한 발짝입니다.

알맞은 때를 기다려라

'완벽한 시기'를 기다리지 말라고 했지만, 사람에겐 알맞을 때라는 것이 있는 것도 사실입니다. 당연히 육아와 직장생활에 집중해야 할 때가 있을 수도 있죠. 그러니 너무 무작정 하던 일을 내팽개치지 말고, 지금 내가 해야 할 가장 중요한 일이 무엇인지 스스로 물어보세요. 예측해 보건대 가장 돈이 많이 드는 일이거나 가장 돈을 많이 벌 수 있는 일, 둘 중 하나가 여러분이 지금 집중해야 할 가장 중요한 일일 겁니다.

'그럼 평생 이렇게 살아야 하나요?'라고 묻는다면 그건 아니겠죠. 평생 그렇게 살지 않으려면 현재 하는 일에 익숙해지고 잘해져야 할 겁니다. 그러다 보면 시간이 흐를 거고요, 어느 순간 기회가 찾아올 겁니다. 너무 조급해하지 마세요. 열매도 익기 전에 따면 떫습니다. 무르익기를 기다리다 보면, 때는 자연스럽게 찾아옵니다.

❶ 지금 이 자리에서 시작하라
❷ 중요한 것은 '행위'가 아니라 '방법'이다
❸ 알맞은 때를 기다려라

바쁜 순간에도 기회는 찾아옵니다. 정신없는 시간을 보내는 여러분이 여러분만의 때를 열어나갔으면 좋겠습니다.

망하지 않는 1인 기업 어떻게 시작할까?

1인 기업을 운영한다는 것은 단순히 혼자 일하는 것이 아니라, 스스로 사업의 방향을 설정하고 성장해 나가는 과정입니다. 많은 사람들이 돈이 되는 아이템을 쫓아가기만 하면 성공하리라 생각하지만, 실제로 중요한 것은 자신이 무엇을 중요하게 여기는가, 그리고 어떤 비전을 가지고 있는가입니다. 단순히 돈을 버는 것이 목표라면 일시적인 성공은 가능하겠지만, 장기적으로 지속 가능한 사업을 만들기 위해서는 자신의 가치를 발견하고 이를 기반으로 사업을 운영하는 것이 필수적입니다.

자신의 강점과 약점을 파악하고, 이를 어떻게 활용할 것인지를 고민하는 과정이 1인 기업의 시작점입니다. 여기에 경영 마인드를 익히고 비즈니스 모델을 구축하는 것이 더해진다면, 단순한 생계형 비즈니스가 아닌 자신만의 철학과 방향성을 지닌 브랜드로 발전할 수 있습니다. 본 글에서는 1인 기업을 성공적으로 운영하기 위한 세 가지 핵심 요소를 살펴보고자 합니다.

자기분석과 경영 학습

1인 기업을 시작할 때 가장 먼저 해야 할 일은 자신을 깊이 분석하는 것입니다. 이는 단순히 '나는 어떤 일을 좋아하는가?'를 넘어 '나는 어떤 가치를 중요하게 생각하는가?'까지 탐구하는 과정입니다. 스스로에게 질문해 보십시오.

- 내가 가장 흥미를 느끼는 일은 무엇인가?
- 나의 강점과 약점은 무엇인가?
- 어떤 방식으로 일할 때 가장 효율적이고 보람을 느끼는가?
- 나는 어떤 삶을 살고 싶은가?
- 이 사업을 통해 얻고 싶은 궁극적인 목표는 무엇인가?

이러한 질문을 통해 자신이 가장 집중해야 할 핵심 가치를 발견할 수 있습니다. 단순히 돈이 되는 일에 뛰어들기보다는, 자신이 오랫동안 지속할 수 있는 일인지, 꾸준한 성장을 이끌어 낼 수 있는 일인지를 고민해야 합니다.

하지만 자기분석만으로 충분하지 않습니다. 반드시 경영에 대한 학습이 필요합니다. 대학의 경영학과를 졸업할 필요는 없지만, 피터 드러커나 구본형 선생님과 같은 전문가들의 책을 통해 경영 마인드를 익히는 것은 필수적입니다.

고객 설정과 아이템 선정

많은 사람들이 돈이 되는 아이템을 먼저 찾으려 하지만, 올바른 고객을 설정하는 것이 더 중요합니다. 시장의 흐름을 따라가기보다는 자신의 가치관과 강점에 맞는 고객을 먼저 정의하는 것이 장기적인 성공을 위한 핵심입니다.

예를 들어, 강의하는 강사의 경우, 어떤 주제의 강의를 할 것인지보다 어떤 고객을 대상으로 강의할 것인지가 더욱 중요합니다. 대학생을 대상으로 할 것인지, 기업 경영자를 대상으로 할 것인지에 따라 같은 강의 내용도 전혀 다른 방식으로 전달되어야 합니다.

또한, 1인 기업은 아이템에 대한 유연성을 가져야 합니다. 처음부터 완벽한 아이템을 찾기 어렵기 때문에 시장의 반응을 보면서 지속적으로 수정하고 발전시켜야 합니다. 아이템이 바뀌는 것을 두려워하지 말고, 고객의 니즈에 맞춰 변화할 수 있어야 합니다.

경영 시스템 구축과 마케팅 전략

1인 기업이 장기적으로 성공하기 위해서는 비즈니스 모델을 구축하고 이를 일상 속에서 축적해 나가는 과정이 필요합니다. 단순히 이벤트성 수익을 올리는 것이 아니라, 지속 가능한 수익

구조를 만들어야 합니다. 이를 위해 자신의 콘텐츠를 꾸준히 쌓고, 고객과의 접점을 늘려가는 것이 중요합니다.

사업을 운영하면서 '이것이 정말 내 비즈니스 모델이 될 수 있을까?'라는 의심이 들 수 있습니다. 하지만 중요한 것은 꾸준히 데이터를 축적하고 실험하면서 자신만의 방식으로 수익을 창출하는 것입니다. 고객의 반응을 살피고, 피드백을 받아 수정하는 과정을 반복하면서 비즈니스 모델을 더욱 정교하게 다듬어야 합니다.

목표관리와 피드백 시스템

1인 기업을 운영할 때 가장 중요한 것은 명확한 목표 설정과 지속적인 피드백입니다. 목표는 단순한 숫자가 아니라, 일상에서 실현할 수 있는 작은 단위의 계획으로 설정되어야 합니다. 예를 들어, '1년 내 1억 원 매출 달성'이라는 목표보다 '매주 고객과의 접점을 5회 이상 늘리기'와 같은 실천 가능한 목표가 더욱 효과적입니다.

피드백을 통해 자신의 업무 프로세스를 점검하고, 효과적인 방법을 찾아가는 과정이 필요합니다. 이를 위해 하루를 마무리하며 오늘 한 일에 대한 평가와 개선점을 기록하는 습관을 들이면 도움이 됩니다.

도전과 성장: 질적 성장과 양적 확장

사업은 도전의 연속이며, 성장은 단순히 매출을 늘리는 것에 그치지 않습니다. 성장에는 두 가지 측면이 있습니다. 질적 성장과 양적 확장입니다.

질적 성장: 스스로의 역량을 강화하고, 보다 효율적인 업무 시스템을 구축하는 과정

양적 확장: 고객층을 넓히고, 수익모델을 다변화하는 과정

1인 기업이 성공하기 위해서는 질적 성장을 기반으로 양적 확장을 이루어야 합니다. 이를 위해 자기 계발에 꾸준히 투자하고, 새로운 시장을 개척하는 노력이 필요합니다. 1인 기업은 단순한 직업이 아니라, 자신의 가치를 실현하는 사업입니다. 기존의 월급을 받던 삶과는 완전히 다른 방식으로 사고해야 하며, 매출과 성과를 중심으로 사고하는 방식으로 전환해야 합니다.

이를 위해서는 끊임없는 학습과 실행이 필요하며, 돈을 많이 버는 것이 목적이 아니라 어떻게 성장하고 발전할 것인지에 초점을 맞춰야 합니다. 또한, 사업을 운영하는 과정에서 좌절이나 시행착오는 반드시 존재합니다. 중요한 것은 포기하지 않고, 시행착오를 통해 배운 것을 개선하며 나아가는 것입니다.

결국 1인 기업의 성공은 자기분석, 고객 설정, 비즈니스 모델 구축이라는 세 가지 요소를 균형 있게 발전시켜 나가는 것에 달려있습니다. 오늘 하루의 목표를 설정하고, 매일 피드백하며 지

속적으로 성장하는 자세가 필요합니다. 누구나 처음부터 완벽한 사업을 할 수는 없지만, 꾸준한 실천과 학습을 통해 자신만의 성공적인 1인 기업을 만들어 갈 수 있습니다.

17

성공하는 1인 기업가의 올바른 태도 3가지

- 사업? 돈? 브랜딩? 1인 기업가가 반드시 알아야 할 것

현대 사회에서 1인 기업가로 살아간다는 것은 단순히 혼자 일하는 것이 아닙니다. 이는 자신의 가치를 시장에서 증명하고, 고객과 관계를 형성하며, 지속적으로 성장하는 과정입니다. 그러나 많은 창업자가 사업을 시작할 때 막연한 기대를 품고 출발합니다. 스스로 좋아하는 일을 하면서 돈을 벌고 싶다는 이상적인 목표를 가지고 있지만, 현실은 녹록지 않습니다. 수익 창출의 어려움, 고객 확보의 문제, 그리고 장기적인 유지 방안에 대한 고민이 뒤따릅니다.

최근, 제게 조언을 구한 두 사람도 같은 문제에 직면해 있었습니다. 한 사람은 사업의 방향성을 고민하며 고객을 확보하는 과정에서 어려움을 겪고 있었고, 또 다른 사람은 본인만의 차별점을 만들지 못해 막연한 불안감을 느끼고 있었습니다. 이들의 고민을 바탕으로, 1인 기업가로서 반드시 고려해야 할 세 가지 핵심 원칙을 정리하고자 합니다.

고객 분석 없이 비즈니스는 존재할 수 없다

많은 이들이 사업을 시작할 때 자신의 관심사나 하고 싶은 일부터 고려합니다. 그러나 비즈니스의 본질은 고객이 원하는 것을 제공하는 데 있습니다. 고객이 누구인지, 그들이 어떤 문제를 겪고 있으며, 이를 해결하기 위해 무엇을 찾고 있는지를 이해하지 못하면, 결국 사업은 혼자만의 세계에 머물게 됩니다.

자신의 서비스를 제공하는 과정에서 막연하게 고객이 필요로 할 것이라 생각하는 것과, 실제 고객이 원하는 해결책을 찾는 것은 다릅니다. 이에 대한 해결책은 고객의 문제를 명확히 분석하는 것입니다. 고객의 연령대, 직업, 생활패턴, 고민, 기존에 사용하고 있는 서비스 등을 구체적으로 파악해야 합니다. 고객의 니즈를 분석하고 그에 맞춘 서비스를 제공할 때 비로소 비즈니스의 방향성이 명확해집니다. 즉, 고객이 원하는 것을 제공할 때 비즈니스는 비로소 존재할 수 있습니다.

고객 분석의 또 다른 핵심은 고객과 지속적으로 소통하는 것입니다. 초기에는 고객 인터뷰를 진행하거나, 직접 피드백을 받는 방식이 효과적입니다. 또한 온라인 설문조사나 SNS에서 고객 반응을 분석하는 것도 좋은 방법입니다. 이를 통해 고객이 진정으로 원하는 것이 무엇인지 파악할 수 있으며, 자신의 비즈니스 모델을 점검하고 수정하는 과정이 자연스럽게 이루어질 수 있습니다.

▎수익과 가치를 동시에 고려해야 한다

좋아하는 일을 하면서 돈을 벌고 싶다는 생각으로 창업을 시작하는 경우가 많습니다. 하지만 사업을 지속하기 위해서는 반드시 수익이 필요합니다. 수익이 없다면 아무리 의미 있는 일이라 해도 지속할 수 없습니다. 많은 1인 기업가들이 고객과의 관계를 중요하게 여기지만, 상담비를 받지 않거나 제품을 무료로 제공하는 등의 행동을 하면서 정작 자신이 경제적으로 흔들리는 경우가 많습니다.

자신의 서비스와 제품이 가치를 지니고 있다면, 이에 대한 정당한 대가를 받을 수 있어야 합니다. 가격을 명확하게 설정하고, 고객이 서비스의 가치를 이해하도록 유도하는 과정이 필요합니다. 특히 거래를 마무리하는 클로징(Closing) 과정은 단순히 영업이 아니라, 고객이 원하는 결정을 돕는 과정임을 인식해야 합니다. 수익을 고려하지 않고 이상적인 가치만 추구하는 것은 사업을 지속하는 데 걸림돌이 됩니다. 따라서 고객이 원하는 가치를 제공하면서도 적절한 수익을 창출하는 균형 감각을 갖추는 것이 중요합니다.

수익과 가치를 조화롭게 유지하기 위해서는 비즈니스 모델을 다각화하는 것도 한 방법이 될 수 있습니다. 예를 들어, 단순히 제품을 판매하는 것뿐만 아니라, 구독 서비스, 강의, 컨설팅 등의 추가적인 수익원을 만들 수 있습니다. 이렇게 하면 단기적인 수익뿐만 아니라 장기적인 수익모델을 구축하는 데 도움이 될 것입니다.

콘텐츠 없이 사업은 성장할 수 없다

1인 기업가는 곧 본인의 브랜드입니다. 그래서 사람들이 신뢰하고 찾을 수 있도록 자신만의 콘텐츠를 만들어야 합니다. 많은 창업자가 본인의 전문성을 증명할 방법을 찾지 못해 어려움을 겪습니다. 하지만 고객과 신뢰를 쌓으려면, 자신의 생각과 경험을 꾸준히 기록하고 공유해야 합니다.

비즈니스의 핵심은 고객과의 연결입니다. 이를 위해서는 고객이 궁금해할 질문을 정리하고, 이에 대한 답변을 콘텐츠로 만들어야 합니다. 블로그, SNS, 유튜브 등의 채널을 활용하여 정보를 제공하고, 고객이 필요로 하는 해결책을 지속적으로 공유하는 것이 중요합니다. 단순한 홍보성 콘텐츠가 아니라, 고객이 실제로 원하는 정보를 제공해야 합니다. 이렇게 콘텐츠가 쌓이면 고객이 자연스럽게 찾아오는 시스템이 형성됩니다. 결국, 콘텐츠는 신뢰를 쌓는 가장 효과적인 방법이며, 1인 기업가에게는 필수적인 요소입니다.

콘텐츠 제작에서 중요한 것은 지속성과 진정성입니다. 단순히 정보를 제공하는 것이 아니라, 고객이 공감할 수 있는 경험을 공유하고, 꾸준히 콘텐츠를 발행하는 것이 핵심입니다. 예를 들어,

자신의 사업 운영 과정에서 얻은 인사이트나, 고객과의 실제 경험을 바탕으로 한 이야기 등을 공유하면, 더욱 강한 신뢰를 형성할 수 있습니다.

지속 가능한 1인 기업이 갖춰야 할 태도 3가지

1인 기업을 운영하는 것은 단순히 좋아하는 일을 하는 것이 아니라, 고객이 원하는 것을 정확히 이해하고 해결해 주며, 이를 통해 지속적으로 성장하는 과정입니다. 이를 위해 고객 분석, 수익 창출, 그리고 콘텐츠 구축이라는 세 가지 원칙을 반드시 고려해야 합니다.

❶ 고객 분석이 먼저다
 - 고객이 원하는 해결책을 제공해야 한다
❷ 수익과 가치를 동시에 고려해야 한다
 - 정당한 대가를 받을 수 있어야 한다
❸ 콘텐츠가 핵심이다
 - 콘텐츠 없이 신뢰를 쌓을 수 없다

좋은 아이템이 아닌, 좋은 전략과 올바른 태도가 사업의 성패를 결정합니다. 지속 가능한 성장을 이루기 위해서는 단순히 돈을 벌고 싶은 마음을 넘어서, 자신이 제공하는 가치와 그 가치를 필요로 하는 고객을 연결하는 과정에 집중해야 합니다. 사업은 혼자가 아니라, 고객과 함께 만들어 가는 것입니다. 성공적인 1인 기업가가 되기 위해서는, 이 원칙을 잊지 않고 꾸준히 실천해야 합니다.

에필로그

사람을 살리고 바꾸고 세우는 일

결국 많은 분이 자신의 인격 자본을 활용하여 고객의 삶에 긍정적인 영향을 주는 인생 멘토가 되기를 바랐습니다. 이것이 제가 20년 동안 1인 기업 멘토로 살아오며 얻은 중요한 본질이자 사명입니다. 중요한 것은 단순히 '멘토링'에 대해 아는 데 그칠 것인가, 아니면 멘토로서 자신의 현실에 적용하여 고객의 변화를 실제로 이끌어 낼 것인가에 달려있습니다. 책을 집필한 저자로서, 그리고 1인 기업의 국민 멘토로서 여러분이 변화를 만들어 낼 수 있도록 5단계 멘토링의 효과적인 적용 방법을 마지막으로 정리해 드리고자 합니다.

출발점을 파악하라

멘티가 어떤 자리에서 어떤 모습이든 그 현상은 출발점에 불과합니다. 결코 사람은 판단의 대상이 되어서는 안 됩니다. 물론 출발점이 서로 다를 겁니다. 그 다양성이 멘토의 리더십을 요구

합니다. 땅에 뿌리는 씨앗도 겉으로는 비슷하게 보이지만 자세히 보면 완전히 다릅니다. 똑같이 심어도 싹을 틔우는데 각각 다른 시간이 있어야 합니다. 경쟁과 효율보다는 그들의 강점과 가치로 자신의 길을 가도록 도우십시오.

파도에 적응하며 변화에 즐기라

파도도 치고 바람도 불고 오르막도 내리막도 피할 수 없는 환경의 조건입니다. 힘든 일은 힘들게, 어려운 일은 어렵게, 복잡한 상황은 복잡하게 가도록 함께 즐겨야 합니다. 높다고 피하고 힘들다고 피하고 어렵다고 숨는 것은 그의 성장에 결코 도움이 되지 않습니다. 혹시 멘토 스스로가 어려운 상황에 있다면 그들의 어려움을 공감하기 위한 신의 축복이라 생각하며 이기십시오.

관계에서 승리하라

관계가 행복을 만들지만, 또 관계가 갈등을 만들기도 합니다. 나와 결이 같은 사람을 찾지만, 결코 찾기 어렵습니다. 핵심은 내 그릇의 크기입니다. 어떻게 해야 판단하지 않고 포용할 것인가? 고객과 오래가고 싶다면 시간에 긍정적 추억을 담아 감동의 관계를 만드는 것이 중요합니다. 그에게 전달하고자 하는 메시지나 기술이 아무리 좋아도 관계라는 파이프가 존재하지 않는다면 죄다 바닥에 쏟아져 버리게 됩니다. 나는 전달했으나 아무도 받은 사람이 없는 이유는 관계가 없기 때문이지 않을까요?

성과로 승부하라

멘티의 꿈을 쪼개면 목표가 됩니다. 멘티의 꿈에 숫자를 넣으면 행동이 되고 마감이 있는 행동으로 만들면 성과가 됩니다. 이 원리를 일방적으로 알려주면 스스로 허들을 넘는 게 어렵습니다. 대화의 상호작용을 믿으십시오. 내적 동기를 확인하고 작은 변화에 의미를 부여하세요. 피드백 구간을 짧게 잡아 자주 만나 자신감을 채워준다면 성과의 지속성이 성장과 성숙에 이르게 됩니다.

1인 기업 인생 경영자로 멘토링하라

특정한 직업이나 특별한 투자로 경영자가 되는 것이 아닙니다. 처음부터 그는 경영자였지만 의미, 성과, 책임이 명시되지 않다 보니 자신의 존재가치를 뒤로 두고 성실하게만 살았을 수도 있습니다. 우선 자신에게 주어진 인생을 잘 활용하는 1인 경영자로 시작하여 1인 기업가로 성장해야 합니다. 자신의 그릇에 맞는 행동계획을 설정하되 5년의 비전 1개월의 목표 그리고 오늘의 성과와 연결된 전략으로 인생을 채워가야 합니다. 한 사람의 멘토로 시작하여 열 사람의 멘토로 성과를 낸다면 누구와도 비교할 수 없는 암묵적 노하우를 만들고 형식적 매뉴얼 콘텐츠로 브랜딩이 된다면 인공지능 AI도 따라올 수 없는 경쟁력을 갖추게 될 것입니다.

당신의 1인 기업을 깨우는 멘토링 5단계

초판 1쇄 펴낸날 2025년 11월 25일 | **지은이** 김형환
펴낸곳 굿인포메이션 | **출판등록** 1999년 9월 1일 제1-2411호
펴낸이 정혜옥 | **편집** 연유나, 이은정 | **영업** 최문섭
사무실 04779 서울시 성동구 뚝섬로 1나길 5(헤이그라운드) 7층
전화 02)929-8153 | **팩스** 02)929-8164 | **이메일** goodinfobooks@naver.com

ISBN 97911-91995-18-3 03320

- 잘못된 책은 본사나 구입하신 서점에서 바꾸어 드립니다.

굿인포메이션(스쿨존, 스쿨존에듀)은 작가들의 투고를 기다립니다.
책 출간에 대한 문의는 이메일 goodinfobooks@naver.com으로 보내주세요.